江苏省道路运输从业人员素质教育系列丛书

机动车维修价格结算员素质教育读本

本书编写组　编

人民交通出版社
China Communications Press

内 容 提 要

本书介绍了机动车维修价格结算员应该掌握的相关知识，主要内容有：社会责任、职业道德、职业心理和服务礼仪，维修行业从业相关法律、法规、规范和标准，价格结算知识，价格结算信息化管理等。

本书为机动车维修价格结算员的岗位培训教材。

图书在版编目（CIP）数据

机动车维修价格结算员素质教育读本 /《机动车维修价格结算员素质教育读本》编写组编．— 北京：人民交通出版社, 2014.5

ISBN 978-7-114-11380-2

Ⅰ．①机… Ⅱ．①机… Ⅲ．① 机动车—车辆修理—价格—结算—资格考试—指南 Ⅳ．①U472.4-62

中国版本图书馆CIP数据核字（2014）第075666号

Jidongche Weixiu Jiage Jiesuanyuan Suzhi Jiaoyu Duben

书　　名：机动车维修价格结算员素质教育读本
著 作 者：本书编写组
责任编辑：钟　伟　刘　博
出版发行：人民交通出版社
地　　址：（100011）北京市朝阳区安定门外外馆斜街3号
网　　址：http://www.ccpress.com.cn
销售电话：（010）59757973
总 经 销：人民交通出版社发行部
经　　销：各地新华书店
印　　刷：北京市密东印刷有限公司
开　　本：787 × 1092　1/16
印　　张：9.5
字　　数：177千
版　　次：2014年5月　第1版
印　　次：2014年5月　第1次印刷
书　　号：ISBN 978-7-114-11380-2
定　　价：28.00元
（有印刷、装订质量问题的图书由本社负责调换）

前言

随着机动车保有量的快速增长，我省机动车维修市场和从业人员规模不断扩大。截至2013年年底，全省机动车维修企业共22294家，从业人员13.9万人。一个以一二类企业为骨干、快修品牌企业为特色、三类专项维修为重要补充的新型机动车维修服务体系已见雏形，有力保障了我省城乡居民安全便捷出行。为促进机动车维修业的健康发展，加强维修从业人员的资格管理、提高从业人员的整体素质，交通运输部颁布的《道路运输从业人员管理规定》，将机动车维修技术人员、机动车维修企业价格结算员及业务接待员等纳入道路运输从业人员队伍，实行从业资格管理以及考试制度。

为配合做好我省机动车维修价格结算员从业资格考试工作，帮助机动车维修价格结算人员掌握专业知识和提高职业素质，我们依据国家和省相关法律法规、标准，根据《江苏省机动车维修企业价格结算员从业资格考试大纲》的要求，组织编写了《机动车维修价格结算员素质教育读本》。

本教材在内容编排上科学合理，知识体系完整，由浅入深、循序渐进，语言通畅、概念清晰，图文并茂、通俗易懂。本教材注重理论联系实际，系统地介绍了机动车维修价格结算员应该掌握的理论和方法，同时注重对案例的分析，有利于提高机动车维修价格结算人员解决实际问题的能力，达到学以致用的目的。

本教材由殷国祥、黄梁、顾敏、李云飞、周莉、徐银焕、陈美娟、邹平、戴卫兵、唐坚平、严志峰、洪兵、段月芬、陈艳聪、刘江用、钟田堂、俞伟民、成旭、孙雪莹等人编写，由汪学君、周体光、田永生审定。本教材在编写过程中，得到了苏州市运输管理处的大力支持。由于时间仓促，水平有限，不足之处在所难免，恳请读者批评指正。

编写组

目 录

第一章 社会责任、职业道德、职业心理和服务礼仪

在机动车维修经营活动中，对承修车辆在维修过程中所发生的费用进行统计、核实，并确定向托修方收取相关费用等工作的责任人称为机动车维修价格结算员（以下简称价格结算员）。价格结算员是为规范机动车维修价格结算工作，实现机动车维修企业规范化、维修标准化而设置的岗位。本章主要内容包括社会责任的确立、职业道德的培养、职业心理的调节、服务礼仪的认知等基本知识。通过对本章的学习，价格结算员能了解和掌握必要的知识，不断增强社会责任感、提高职业道德修养、提升职业心理素质、养成规范的服务礼仪。

第一节 社会责任与职业道德

一 价格结算员的社会责任

1 社会责任的概念

社会责任是指公民、法人或其他组织对社会应尽的义务，一般而言，包括法定义务和道德义务，如环境保护、公序良俗等方面。

2 企业社会责任

企业社会责任是指企业在创造利润、对股东承担法律责任的同时，还要承担对员工、消费者、社区和环境的责任。企业社会责任包括对政府的责任、股东的责任、消费者的责任、员工的责任、资源环境和可持续发展的责任、社区的责任等。企业的社会责任要求企业必须超越把利润作为唯一目标的传统理念，强调要在生产过程中关注人的价值，强调对消费者、对环境、对社会的贡献。

3 机动车维修企业社会责任

机动车维修企业除了应担负相应的企业社会责任外，还应履行与其经营活动特点及客观要求相关的社会责任。

机动车维修业是我国道路运输业的组成部分，是为道路运输和人们出行服务的。我国道路运输生产活动的社会性质，决定了机动车维修企业的利益与社会利益的一致性。机动车维修生产任务的完成状况（生产进度和维修质量）直接影响道路运输的发展，影响到公众的利益和人民生命、国家财产的安全。

机动车维修既有工作量大的连续性作业，也有临时性的小型修理作业，维修企业内部各层次、各环节、各工种之间存在着十分密切的关系，需要相互衔接和配合。同时，机动车维修行业作为道路运输生产的保障体系，与整个道路运输行业有着纵横交错的关系，与整个社会有着千丝万缕的联系。机动车维修业在从事生产活动过程中，直接或间接地与服务对象（托修方）进行面对面的交往，还经常同社会其他行业（如机动车配件经营行业、机动车销售行业等）发生直接联系。这种特有的工作性质，要求企业在从事机动车维修活动中，自觉将企业置身于社会大环境下，严格自律，担负为生产、流通、消费全方位服务的社会责任。

4 机动车维修职业社会责任

机动车维修职业社会责任是指机动车维修从业人员所承担的社会责任。机动车维修职业所承担的社会责任，具体地讲，就是恢复和提高机动车技术状况，保证安全生产，充分发挥机动车的效能和降低运行消耗，对机动车技术状况负责、对托修方负责。从宏观上讲，就是承担着保障道路运输事业发展的重大职能。

机动车维修职业最明显的特征就是以其技术上的可靠性，恢复机动车的使用性能，使机动车保持良好的技术状态。这就决定了从事机动车维修的从业人员必须牢固树立为客户服务的思想，热爱本职工作，努力钻研技术，爱岗敬业、忠于职守、尽职尽责，以精湛的技术、熟练的业务、优良的服务满足客户对车辆维修的需要。

机动车维修从业人员为社会提供的不是实物形态的产品，而是维修服务。对客户来说，只要交付了足够的维修费用，就要求获得一个满意的服务。因此，精工细作、完工及时、安全可靠、优质高效地向客户提供维修合格的车辆，就成为每一位机动车维修从业人员的社会责任。

5 价格结算员的岗位职责

1 价格结算员的岗位职责

（1）执行国家、地方有关汽车维修价格的政策和标准。

（2）热情耐心地向托修方解释说明各项收费及其依据。

（3）负责依照材料清单和工时清单的费用按规范要求开具发票。

（4）实事求是地统计核实汽车维修全过程中各工种和各项目的收费。

（5）负责维修车辆费用结算单据（维修合同、工时清单、材料清单、发票等）的整理和归档工作。

（6）及时掌握汽车维修市场的价格变化信息并向企业做好信息反馈工作。

（7）及时学习和掌握汽车维修价格结算的新政策、新知识，并运用在岗位工作上。

2 价格结算员的素质要求

（1）专业知识：

①熟悉国家、地方、行业有关机动车维修价格的政策和标准。

②熟悉机动车维修工时定额及机动车零配件定价方法。

③了解机动车维修工艺流程及技术要求。

④了解零部件的修复工艺和常用材料。

⑤了解机动车零配件知识。

⑥掌握计算机办公软件及机动车维修企业管理软件。

（2）专业技能：

①能进行机动车维修价格核算和结算。

②能进行信息搜集、统计和分析。

③能熟练使用计算机办公软件及机动车维修企业管理软件。

6 社会责任感的塑造

社会责任感有其丰富的内涵，它要求人们有崇高的理想，健全的人格，要求勤奋学习，敬业奉献，公正诚信，团结友善，关心集体，艰苦奋斗。机动车维修经营活动承担着重要的社会责任，更应时时刻刻关心托修方的利益，以高度的责任感和热爱机动车维修职业的饱满热情，全心全意地为托修方提供机动车维修服务，保障机动车安全、顺利运行。那么，作为维修从业人员应该怎样自我培养和塑造社会责任感呢？培养是一个长期的过程，尽管其培养过程中会有许多影响因素，但我们不妨从以下几个方面做起：

1 社会情感的培养

首先从做一个合格、守法的公民做起。每个人都应该努力奉献社会，奉献社会就是全心全意为社会作贡献，这是为人民服务精神的最高体现。有这种精神境界的人，就能把自己的一切都奉献给国家、人民和社会。奉献社会是一种人生境界，是一种融合在事业中的高尚人格；从小事做起，讲究公德和公共卫生，积极参加社会组织的志愿者服务活动，关心慈善事业和希望工程，时刻关心国家的发展，树立“天下兴亡，匹夫有责”的思想意识，以自己的实际行动为国家建设作出贡献。

2 自身情感的培养

具备对社会、对人民高度负责的职业情感。具备了这种情感，才能主动地、自觉地为维修机动车、为托修方服务。在机动车维修职业活动中，对学习掌握维修技术缺乏积极性，对机动车维修工作马马虎虎，使得机动车维修质量低劣等现象，就是缺乏这种职业情感的具体反映。

3 自身素质的培养

（1）提升专业素质。提升专业素质的有效途径就是学习，当然，学习的方式和途径是多种多样的，但最重要的一点就是要将理论与实践相结合。而且学习要持之以恒，与时俱进，掌握所从事领域的前沿业务知识。

（2）提升职业素质。职业素质包括很多方面，比如沟通协调能力、组织能力、团队合作能力等。在众多职业素质中，沟通协调能力是基础，具备了沟通协调能力，久而久之就会在工作、生活中培养其他能力。提高沟通协调能力，首先要学会倾听。做一个好的听众，是建立友好关系的基础，倾听的时候要适时回以积极的反应，不要随便打断对方。其次要学会理解。理解他人才能获得他人的理解，学会换位思考，尽可能地理解他人，才能建立真诚的关系。第三要学会取舍。没有两个人会有完全一致的思想，出现分歧时，就要学会坚持和让步，原则问题要坚持，无关紧要的问题可以让步，求同存异，争取双赢。

（3）提升健康素质。健康素质包括身体健康和心理健康。身体是革命的本钱，有健康才能守住财富，不能以身体为代价换取事业的成功，要提高健身意识，时时保持健康的身体。心理健康也是尤为重要的，面对生活、工作压力，保持一颗平常心，保持健康、积极、向上的态度，才能平和地对待生活和工作中的喜怒哀乐，要学会自我调节，学会适当地给心灵放个假。

（4）提升创新素质。创新能力对于我们的人生是具有重要意义的，很多人在忙碌中忘记了思考，这是大部分人的缺点。面对生活、面对工作，无论我们有多忙碌，每天都要留给自己思考的时间，善于发现问题才能解决问题。不断创新，才能提高效率。用心寻求新途径，利用现代技术和手段，或许能使工作更轻松，或许能给企业带来更大的经济效益。

4 自身职业责任感的培养

（1）对企业负责。首先要对企业忠诚，维护企业利益，保守商业秘密，不以权谋私，树立良好的职业道德；严格遵守和执行企业各项规章制度。

（2）对客户负责。牢固树立“质量第一，客户至上”的观念，持证上岗，亮牌服务，举止文明；建立客户档案，定期跟踪回访，主动征求意见；开展多元化服务，认真答复客户咨询，排除客户疑虑；努力满足客户要求，维护客户正当权益。

（3）对岗位负责。要具有良好的岗位责任感，恪尽职守地做好本岗位工作。树立企业荣辱观，企业兴我光荣、企业衰我耻辱。严谨的工作作风是对企业负责的核心，随时完成上级和部门临时追加的任务；对工作中存在的问题和失误不推卸责任，吸取教训，并勇敢承担相应的责任。

二 价格结算员的职业道德

1 职业道德

道德是依靠人们的内心信念、传统习惯和社会舆论来调整人们之间以及个人与社会之间关系的行为准则和规范的总和。首先，它是人们的一种行为准则和规范；其次，它对人们作用的方式与其他行为规范不同，它是通过人们的内心信念、传统习惯和社会舆论对人起作用的；第三，它作为一种特有的行为规范，具有其他行为规范相同的社会作用，即调整人们之间以及个人与社会之间的关系。

职业是指人们在不同的社会生活中对社会所承担的一定职责和从事的专门业务，具有一定的社会责任性。在现实生活中，人们习惯于把每个人在社会中所从事的并作为主要生活来源的工作称之为职业。为了确保职业活动的正常进行，必须建立用于调整职业生活中发生的各种关系的职业道德规范。

职业道德是指从事一定职业的人们在职业活动中应当遵循的职业行为道德规范，即道德观念、行为规范和风俗习惯的总和。

职业道德不仅是从业人员在职业活动中的行为标准和要求，而且也是本行业对社会所承担的道德责任和义务。在内容方面，职业道德必须鲜明地表达职业义务、职业责任以及职业行为上的道德准则。由于它是在特定的职业实践基础上形成的，反映的是职业、行业乃至产业特殊利益的要求，因而它往往表现为某一职业特有的道德传统和道德习惯，表现为从事某一职业的人们所特有的道德心理和道德品质。在表现形式方面，职业道德往往比较具体、灵活、多样。它从本职业的交流活动实际出发，采用制度、守则、公约、承诺、誓言、条例，以及标语口号之类的形式，以便于被从业人员所接受和实行，也有利于形成一种职业的道德习惯。

职业道德具有适用范围的有限性、发展历史的继承性、表达形式的多样性、贯彻执行的纪律性等特点。职业道德有助于调节职业交往中从业人员内部以及从业人员与服务对象间的关系、维护和提高本行业的信誉、促进本行业的发展和提高全社会的道德水平。

法律具有国家强制性，依靠国家强制力保证实施，但是，法律是道德最低标准的体现。人们大量的行为是靠道德来约束的，而道德不具有国家强制力，需靠人的内心自省、自我约束和社会舆论监督来实施道德规范。因此，加强职业道德的培养既能克服道德危机，又能提高职业道德水准。

2 机动车维修从业人员的职业道德

机动车维修职业道德是从事机动车维修的职业者在机动车维修劳动生产过程中所应遵循的、与其职业活动相适应的行为规范的总和。它是社会主义职业道德的重要组成部分，是一般社会道德在机动车维修职业活动中的特殊体现，反映机动车维修业与其他职业之间、机动车维修业与社会之间、机动车维修业内部职工之间的最本质、最重要、最普遍的职业道德关系的概念。

3 价格结算员的职业道德

1 定义

价格结算员的职业道德主要是指在价格结算工作中要按机动车维修行业所公认的、所提倡的、自己内心深处所认同的、正确的标准进行评判和选择，树立“遵纪守法、为民服务”的观念，有职业责任感和职业荣誉感，通过不懈的努力树立个人良好的职业信誉。

2 价格结算员职业道德规范

不同职业有不同的职业道德规范，价格结算员职业道德规范是从事机动车维修价格结算工作人员所必须遵循的行为标准或准则。它的基本内容包括爱岗敬业、诚实守信、办事公道、服务顾客、奉献社会共五个方面，每一位价格结算员在工作中都要自觉遵守。

（1）爱岗敬业。

爱岗就是热爱自己的工作岗位，热爱本职工作。爱岗是对人们工作态度的一种普遍要求。热爱本职，就是职业工作者以正确的态度对待各种职业劳动，努力培养热爱自己所从事的工作的幸福感和荣誉感。一个人，一旦爱上了自己的职业，他的身心就会融合在工作中，就能在平凡的岗位上做出不平凡的业绩。

敬业就是用一种严肃的态度对待自己的工作，勤勤恳恳、兢兢业业、忠于职守、尽职尽责。敬业包含两层涵义：一为谋生敬业，这种职业态度所反映的敬业道德因素较少，个人利益色彩较重；二为真正认识到自己工作的意义而敬业，这是高一层次的敬业，这种内在的精神，才是鼓舞人们勤勤恳恳、认真负责工作的强大动力。

爱岗与敬业总的精神是相通的，是相互联系在一起的。爱岗是敬业的基础，敬业是爱岗的具体表现。

爱岗敬业不仅仅是一句口号、一种精神，在工作实践中，爱岗敬业实际上是衡量一个价格结算员是否合格、是否优秀的重要标准。

热爱机动车维修价格结算工作，是价格结算员职业道德规范的首要内容。它反映了价格结算员对职业价值的正确认识和对所从事职业的真挚感情。一个人只有先爱岗位，爱自己所从事的工作，才能有高尚的职业道德。

爱岗敬业对于价格结算员的具体要求是：严守岗位、尽心尽责、注重务实、服务行业，兢兢业业地干好价格结算岗位的本职工作，在机动车维修价格结算岗位上发扬忘我的工作精神，做到认真履行岗位职责，精通专业知识，熟练掌握专业技能，并在做好本职工作的基础上，在一定程度上和范围内争取全面发展，不断增长知识，增长才干，努力成为多面手，积极为机动车维修行业发展贡献个人力量。

案例一

小张是某机动车维修企业的价格结算员，平时除了掌握财务会计方面的知识，还不断主动学习行业里《机动车维修服务规范》、《江苏省机动车维修结算工时定额及收费指南》等与价格结算相关的法规知识，对机动车维修结算工时定额与收费标准等规定十分熟悉。平时遇到有客户对收费不清楚的，小张总会利用所掌握的结算知识，耐心讲解，最后客户也都会满意而归，小张也长期受到客户的一致好评，经过两年的锻炼培养，小张也被提拔为部门负责人，继续为企业发挥更大的作用。

（2）诚实守信。

诚实守信是忠诚老实、信守诺言，是为人处事的一种美德。

诚实，就是忠诚老实，不讲假话。诚实的人能忠实于事物的本来面目，不歪曲、不篡改事实，同时也不隐瞒自己的真实思想，光明磊落、言语真切、处事实在。诚实的人反对投机取巧、趋炎附势、吹拍奉迎、见风使舵、争功诿过、弄虚作假、口是心非。所谓守信，就是信守诺言，说话算数，讲信誉，守信用，履行自己应承担的义务。

诚实和守信两者意思是相通的，是互相联系在一起的。诚实是守信的基础，守信是诚实的具体表现，不诚实很难做到守信，不守信也很难说是真正的诚实。诚实侧重于对客观事实的反映，以及对自己内心的思想、情感的表达是真实的。守信侧重于对自己应承担和应履行的责任和义务的忠实，毫无保留地实践自己的诺言。

诚实守信不仅是做人的准则，也是做事的基本准则。诚实是我们对自身的一种约束和要求，讲信誉、守信用是社会对我们的一种希望和要求。一个人要想在社会上立足，干出一番事业，就必须具有诚实守信的品德。

诚实守信是任何一位价格结算员应遵守的职业道德，也是机动车维修行业树立形象的根本。价格结算员要明确：在从事价格结算工作时，你既代表个人，又代表了企业，甚至代表了整个机动车维修行业的形象。如果一位价格结算员不能诚实守信，那么其所在企业就得不到人们的信任，甚至整个行业的形象也会因此受到损害。

案例二

小刘担任某大型机动车维修企业价格结算员多年，所在企业也常年被评为机动车维修服务规范达标企业。在如今不少维修企业收费不透明的情况下，小刘和所在的企业一直坚持诚实守信的原则，在平时的结算工作中，严格按照规定为客户结算费用，并主动提醒客户核对收费项目。遇到公司有优惠活动的时候，也会热情提醒客户合理选择。有时客户不经意多付了费用，小刘也会主动提醒客户，退回多付的钱款。小刘在为客户考虑的同时，也为企业赢得了良好的声誉和业绩。

（3）办事公道。

办事公道是在爱岗敬业、诚实守信的基础上提出的更高层次的职业道德的基本要求。办事公道需要有一定的道德修养基础。

办事公道是指价格结算员在办事情、处理问题时，要站在公正的立场上，按照同一标准和同一原则办事的职业道德规范。

公正是几千年来为人所称道的职业道德。当前，我们正处于市场经济的大潮中，市场经济确立平等互利原则，这体现了买卖双方的平等地位，因此在经济领域中要求处事公平、办事公道。人们生活在世界上，要与人打交道，要处理各种关系，这就存在办事是否公道的问题。每位价格结算员都要办事公道，对顾客不以貌取人，对不同经济能力、不同职业、不同国籍、不同民族的顾客能一视同仁，同样热情服务，这就是办事公道。

在职业活动中的公正公平，是为了保证每个人在社会上的合法地位和平等权利。如果办事不公正，徇私舞弊，势必会损害社会主义平等竞争的原则，形成不正当竞争，造成新的不平等，就会对社会各方面产生消极的影响，最终会阻碍社会经济的发展。

在职业活动中要做到办事公道，首先要加强价格结算员的个人修养，要做到相信真理，追求正义；坚持原则，不徇私情；反腐倡廉，不谋私利；不计个人得失，不怕各种权势，加强学习，不断提高认识能力，明确是非标准，分辨善恶美丑。

办事公道是衡量每一位价格结算员职业道德水平的重要标志。

案例三

小王是某机动车维修企业的价格结算员，企业和小王在结算时一直坚持办事公道的原则，企业一是在醒目位置将收费标准公示出来，另外就是收费项目确保公道，不多收费，有时对于客户提出的合理要求，小王也会向企业反映，最大程度地让客户满意。

（4）服务顾客。

要做到服务顾客，就要树立服务顾客的观念，尊重顾客，方便顾客。要真心对待顾客，了解顾客所思、所想、所需，把服务顾客的观念落实到行动上。每位价格结算员无论做任何事情，都要想到顾客的利益，实实在在地为顾客服务，真正为顾客谋利益，决不损害顾客的利益。

服务顾客对于价格结算员的具体要求是：要真正做到服务顾客，不仅要树立服务顾客的观念，还要将顾客观念落实到机动车维修价格结算职业活动中去。认真钻研业务，具备为顾客服务的技能，认真学习管理业务知识，努力提高管理工作业务素质，实现价格结算岗位的价值；同时还要不断拓宽知识层面，提高综合分析、解决问题的能力，刻苦学习，勇于钻研，努力提高本职工作能力和水平；对国家的方针、政策、法规和标准，更要认真学习、自觉遵守，提高自主的政治觉悟，树立正确的人生观、价值观，为促进行业的发展和提高企业经济效益而努力工作。

案例四

小李是某机动车维修企业的价格结算员，一直是企业里的模范员工，企业也将其作为“名片”来宣传，被服务过的客户都对小李赞誉有加。小李刚到企业时，从一个什么都不懂的新人，通过主动学习成长为业务熟练的骨干，最关键的是小李有一颗热忱服务的心，不管遇到什么样的客户，小李都会耐心为其提供服务，即使有时候客户提出的问题不在其工作职责范围内，她也会主动帮助客户找到相关人员为其解决。碰到有情绪的客户，在经过小李的热忱服务后，都能满意而归，大家都说没有小李搞不定的客户，企业对其也特别放心。

（5）奉献社会。

奉献社会，就是全心全意为社会作贡献，这是为人民服务精神的最高体现。有这种精神境界的人，就能把自己的一切都奉献给国家、人民和社会。

奉献就是不期望等价的回报和酬劳，而愿意为他人、为社会、为真理、为正义献出自己的力量。

奉献社会的精神主要强调的是一种忘我的全身心投入的精神。当一个人专注于某种事业时，他关注的是这一事业对于人类、对于社会的意义。他会为此而兢兢业业、任劳任怨、不计较个人得失，甚至不惜献出自己的生命。

一个人不论从事什么行业的工作，不论在什么岗位，都可以做到奉献社会。在市场经济条件下，倡导无私奉献的精神，可以使企业和个人改善服务质量，提高信誉程度，增强竞争实力，从而赢得顾客、赢得市场。

奉献社会是职业道德中的最高境界。奉献社会是一种人生境界，是一种融合在事业中的高尚人格。奉献社会是职业道德中的最高要求，同时也是做人的最高境界。爱岗敬业、诚实守信是对价格结算员职业行为的基础要求，做不到这两项要求，就很难做好工作；办事公道、服务顾客比前两项要求更高了一些，需要有一定的道德修养作基础；奉献社会，则是这五项要求中最高的，一个人只要达到一心为社会作奉献的境界，他的工作就必然能做得很好，就能实现全心全意为人民服务。

奉献社会对于价格结算员的具体要求是：以本业为荣，以本职为乐，积极为机动车维修行业发展奉献出自己的力量，不能只讲索取，不讲奉献。在机动车维修价格结算服务工作中，不计名利、勇于吃苦、任劳任怨，用“毫不利己，专门利人”的精神，最大程度地满足服务对象的需求，在奉献中充分体现自己的人生价值。

三 价格结算员的行为规范

1 全国汽车维修行业行为规范公约

为加强机动车维修行业精神文明建设，建立机动车维修行业诚信机制，营造良好的机动车维修市场经济秩序，切实维护车辆所有人的合法权益，中国汽车维修行业协会制定了《全国汽车维修行业行为规范公约》，要求全国机动车维修业户共同遵守，自觉执行，相互监督。其主要内容如下：

① 守法经营，接受监督

遵守国家法律、法规和规章，端正经营行为，全面公开机动车维修作业规范、收费标准、监督电话；严格按照国家有关规定合理结算费用，依法开具发票；自觉接受行政监督、舆论监督、社会监督。

② 诚信为本，公平竞争

坚持诚信为本，以优质服务、客户满意为宗旨参与市场竞争；公正签订并忠实履行机动车维修合同，不擅自减少作业项目，不使用假冒伪劣配件，不作虚假广告宣传。

③ 尊重客户，热忱服务

牢固树立“质量第一，客户至上”的观念，从业人员持证上岗，亮牌服务，举止文明；建立客户档案，定期跟踪回访，主动征求意见；开展提醒服务，答复客户咨询，排除客户疑虑；努力满足客户要求，维护客户正当权益。

④ 弘扬职业道德，建设精神文明

发展企业文化，建立服务品牌；倡导爱岗敬业精神，树立团队合作意识，充分调动企业员工的积极性，开创奋发向上的比、学、赶、帮新局面；开展服务规范化达标活动，树立行业新风尚。

5 规范操作，保证质量

建立健全机动车维修质量保证体系，全面贯彻执行国家标准、行业标准、地方标准和企业标准；认真做好机动车维修检验记录，按规定签发《机动车维修出厂合格证》；及时受理客户投诉，承担质量保证责任。

6 文明生产，保护环境

搞好文明生产和安全生产，防止污染，保护环境，不断完善设施和服务功能，做到厂区整洁，环境优美，布局合理；实现作业现场安静，维修工具、机件、场地、人身清洁，工具、机件、油水不落地。

7 自我管理，自我发展

自觉抵制非法行为，勇于同侵害行业利益的行为作斗争，捍卫行业合法权益；通过正常渠道反映企业的意见与要求，不断提升行业整体素质。

8 科技兴业，开拓创新

确立科技兴业新思路，积极推广应用机动车维修新技术、新工艺、新材料、新设备；更新管理理念，优化企业管理，增强市场竞争能力；加强行业培训与交流，开展业内的横向联合与协作，加速行业技术进步。

2 守法经营，建立行业诚信机制

1 企业诚信的重要性

对于一个企业来说，在市场经济条件下，最重要的是树立良好的信誉，树立起值得他人信赖的企业形象。所谓信誉，是由信用和名誉组成的。信用是指在职业活动中诚实可信，名誉是指在职业活动中重视名声和荣誉。信誉体现了社会承认一个行业在职业活动中的价值，从而影响到该行业的地位和作用。

失信的危害，一是破坏了企业正常经营，败坏了企业的声誉，引发信任危机；二是严重影响社会的投资和消费，企业会失去今后的市场；三是严重干扰了正常信用体系的发展，甚至造成社会风气的败坏和道德水平的滑坡。失信可能会在短时间内牟取暴利，但与种种弊端相比实在得不偿失，最终吃亏的是自己。从长远来看，诚信就是竞争力，诚信度也将成为企业的无形资产。

2 诚信的基础是守法经营

市场经济是法制经济，一切经济活动必须由带有普遍性、强制性的法律来规范。企业诚信的基础是守法经营，这也是企业能够长期稳定、持续发展的必要条件。作为机动车维修企业只有做到守法经营，端正经营行为，才能真正成为机动车维修市场的主体，才能建立规范有序的机动车维修市场秩序。

首先，要做到经营主体合法，即从事机动车维修经营活动的企业必须符合国家相关法律、法规要求，具备机动车维修企业开业条件，经过审批，取得经营许可后，才能开展经营活动。

其次，要做到经营行为合法，应当严格按照规定的条件和行为规范开展经营活动：一要遵守国家法律、法规和规章；二要严格按照技术标准和工艺流程进行修车作业，确保修车质量，并实行质量保证期制度；三要规范收费行为，公布机动车维修工时定额和收费标准，合理收取费用；四要自觉接受行政监督、舆论监督、社会监督，依法规范经营行为，杜绝无证经营，不按规范作业，“假维护”、“假检测”，使用假冒伪劣配件，不执行质量保证期制度，不按规定明码标价，乱收费用等损害消费者合法权益的失信行为。

3 建立机动车维修行业诚信机制

信誉是市场经济的重要基础，规范有序的机动车维修市场的经营活动需要良好的信誉环境。在机动车维修行业建立诚信机制，改革管理方式、解决维修市场信息不对称的矛盾，充分发挥优胜劣汰机制的作用，用市场的办法解决市场的问题，是对机动车维修市场实施标本兼治的有效途径。通过诚信机制的建设，促进广大机动车维修企业加强诚信意识，注重人才培养，增强技术能力，规范经营行为，提高维修质量，提供社会满意的服务，实现真正意义上的“诚信修车”，促进整个行业协调发展。

为进一步推动《全国汽车维修行业行为规范公约》的贯彻实施，促进汽车维修行业诚信机制的建设，倡导诚实守信的经营理念，营造公平竞争的市场环境，达到构建和谐社会的目的，中国汽车维修行业协会在全行业开展了创建诚信经营汽车维修企业的活动，并颁发了《全国汽车维修诚信经营企业评估指标体系》。该体系共计9项39条，几乎涵盖了与汽车维修企业诚信经营密切相关的所有内容，由接待客户、签订合同、车辆维修、车辆验交、配件保证体系、质量保证体系、服务保证体系、财务和社会资信以及客户评价等部分组成。《全国汽车维修诚信经营企业评估指标体系》在突出针对性的同时，重视保证、预防作用，注重权重差异和可操作性，包含了汽车维修诚信经营企业应当具备的物质条件、人员素质、管理水平和服务意识。

通过建立诚信企业评价体系，认真地进行等级评定，真实、及时地发布信息，使企业生产经营社会诚信透明化，让车主了解企业，到诚信企业放心修车；通过企业诚信等级发布，引导维修业务向诚信企业集中，利用市场经济资源优化配置的规律，为诚信企业创造发展机遇，促进企业开展正当竞争；进行诚信评估、定期发布信息，形成行业协会、企业、社会、媒体共同营造促进经济发展、社会进步的诚信环境。实践表明，开展“诚信维修，规范服务”为宗旨的诚信活动，有利于在全行业营造“守信用、讲信誉、重信义”的良好氛围，进一步促进维修企业强化服务意识，转变服务理念，改善服务设施，规范服务行为，提高服务质量，创建服务品牌，切实保护维修市场消费者的合法权益，树立起维修行业在社会上的良好信誉。

第二节 职业心理和服务礼仪

一 心理健康概述

当今社会，随着信息全球化的快速发展，社会、家庭和个人需要通过接纳大量信息、面对残酷竞争等手段来谋求发展，职场人士因此要面对来自社会、家庭等各方面的压力越来越大，职业心理健康问题也随之成为一个不可逃避的热门话题。我们也必须清醒地看到，职业生涯中充满了紧张性的刺激因素，应当采取积极的应对措施以保持稳定的情绪和健康的心理状态。

健康是指一个人在身体、精神和社会等方面都处于良好的状态，“无病即健康”不仅是躯体没有疾病，还要具备心理健康、社会适应性良好和有道德，即“整体健康”，包括：躯体健康、心理健康、心灵健康、社会健康、智力健康、道德健康、环境健康等。

职业是指人们在不同的社会生活中对社会所承担的一定职责和从事的专门业务，具有一定的社会责任性。在现实生活中，人们习惯于把每个人在社会中所从事的并作为主要生活来源的工作称之为职业。职业心理是指在一个特定行业领域承担一定职责和从事专门业务的人员的思维、信仰、情绪和精神等方面的状态。

1 职业心理健康标准

（1）智力正常，智商在80以上。智力正常是人正常生活最基本的心理条件，是心理健康的重要标准。智力是人的观察力、注意力、记忆力、想象力、思维力、创造力及实践活动能力等的综合，包括在经验中学习或理解的能力，获得和保持知识的能力、迅速而成功地对新情境做出反应的能力、运用推理有效地解决问题的能力等。

（2）能协调和控制情绪，心境良好。其标志是情绪稳定和心情愉快，包括的内容有：愉快情绪多于负性情绪、乐观开朗、富有朝气，对生活充满希望；情绪较稳定，善于控制与调节自己的情绪，既能克制又能合理宣泄自己的情绪，情绪的表达既符合社会的要求又符合自身的需要，在不同的时间和场合有恰如其分的情绪表达；情绪反应与环境相适应。

（3）意志健全。意志是人在完成一种有目的的活动时进行的选择、决定与执行的心理过程。意志健全者在行动的自觉性、果断性、顽强性和自制力等方面都能表现出较高的水平。

（4）人格完整和谐。人格是个体比较稳定的心理特征的总和。人格完善就是指有健全统一的人格，个人的所想、所说、所做都是协调一致的。人格完善包括人格作为人的整体的精神面貌能够完整、协调、和谐地表现出来；具有正确的自我意识，不产生自我同一性混乱，以积极进取的人生观作为人格的核心，并以此为中心把自己的需要、目标和行动统一起来；思考问题的方式是适中与合理的，待人接物常常采取恰当灵活的态度，对外界刺激不会有偏颇的情绪和行为反应；能够与社会的步调合拍，也能和集体融为一体。

（5）自我评价正确。正确的自我评价是心理健康的重要条件。自我观察、自我认定、自我判断和自我评价能使自己恰如其分地认识自己，摆正自己的位置，既不以自己在某些方面高于别人而自傲，也不以某些方面低于别人而自卑；对自己不会提出苛刻的、非分的期望与要求；对自己的生活目标和理想也能定得切合实际；面对挫折与困境，能够自我悦纳，喜欢自己，接受自己，自尊、自强、自制、自爱适度，正视现实，积极进取。

（6）人际关系和谐。良好而深厚的人际关系，是事业成功与生活幸福的前提。其表现为：乐于与人交往，既有广泛而深厚的人际关系，又有知心朋友；在交往中保持独立而完整的人格，有自知自明，不卑不亢；能客观评价别人和自己，善取人之长补己之短，宽以待人，乐于助人，积极的交往态度多于消极态度，交往动机端正。

（7）适应正常。个体应与客观现实环境保持良好秩序，既要进行客观观察以取得正确认识，以有效的办法应付环境中的各种困难，不退缩；又要根据环境的特点和自我意识的情况努力进行协调，或改变环境适应个体需要，改造自我适应环境。

2 职场问题

心理状态不佳，便会失去工作热情、工作情绪低落，进而导致工作效率、工作满意度、客户服务质量降低。常见的职场问题有三个方面：

（1）工作压力。压力是个人与环境之间的一种特殊关系。当环境要求超过个人能力及可利用资源，并危及其心理平衡与生活步调的和谐与完整时，个体就会产生压力。

（2）工作场所人际关系。工作场所人际关系是指在职工作人员之间各类关系的总汇。工作场所员工中的人际关系包括三个方面：一是与客户的关系、二是同事之间的关系、三是上下级关系，这三方面都很关键和重要。

（3）工作与生活平衡问题。工作与生活平衡问题是指职业人士如何进行工作和生活的时间支配，在做好工作的同时，兼顾自己的健康和家人的生活。

3 职业心理健康测试

职业性精神疾病包括焦虑症（如恐慌症、畏惧症、强迫症等）、忧郁症、适应障碍症、心身症、身体化疾病、睡眠或饮食障碍及酒药瘾问题等。常见职业压力症候群则有科技压力症候群、燃烧症候群、妇女职业症候群及人事异动症候群等困扰。

每一个青年人在谋求选择符合自己的志向的职业时，首先要对自己有一个深刻的了解，清楚正处在不断变化中的自我，例如，自己身体特征的变化，自己能力的状况，自己的性格特点等，还有周围人对自己的评价，家庭对自己的期望等一系列有关个人内外部的情况，可根据表1–1对自己的工作压力进行测验。

工作压力测验量表 表1–1

题　目	从未	偶尔	经常
1. 觉得手上工作太多，无法应付			
2. 觉得时间不够，所以要分秒必争。例如过马路时闯红灯，走路和说话的节奏很快			
3. 觉得没有时间休闲，终日记挂着工作			
4. 遇到挫败时很容易发脾气			
5. 担心别人对自己工作表现的评价			
6. 觉得上司和家人都不欣赏自己			
7. 担心自己的经济状况			
8. 有头痛、胃痛、背痛的毛病，难于治愈			
9. 需要借助烟酒、药物、零食等抑制不安的情绪			
10. 需要借助安眠药才能入睡			
11. 与家人、朋友、同事相处，会让你发脾气			
12. 与人倾谈时，打断对方的话题			
13. 上床后觉得思潮起伏，牵挂很多事情，难以入睡			
14. 太多工作，不能每件事做到尽善尽美			
15. 当空闲时轻松一下也会觉得内疚			
16. 做事急躁、任性，而事后感到内疚			
17. 觉得自己不应该享乐			
计分方法：从未发生0分，偶尔发生1分，经常发生2分。总分：（　　）。 0～10分表示精神压力程度低，但生活可能缺乏刺激，比较简单沉闷。 11～15分表示精神压力程度中等，虽然某些时候感到压力较大，但仍可应付。 16分或以上表示精神压力偏高，应思考一下压力来源并寻求解决办法。			

4 职业心理防御机制

心理防御机制又称自我防御机制，用来自我抵消焦虑而采用。心理防御机制的水平有高低之分，与人格发展水平相适应。

下面我们用日常生活中简单的例子，认识和感受一下日常生活和工作中常用的几种防御机制：

（1）图解心理防御机制之一，如图1–1所示。

你排长队准备取钱，好不容易轮到你，当你刚要采取动作时，一个年轻姑娘矫健地一跃，捷足先登了。你站在原地，无动于衷——这是“压抑”。

（2）图解心理防御机制之二，如图1–2所示。

姑娘出来了，当你刚要采取动作时，一个小女孩像离弦的箭一样抢占先机，你在外面心平气和地继续等待，心里还是什么感觉也没有——这是“隔离”。

图1-1　心理防御机制——压抑

图1-2　心理防御机制——隔离

（3）图解心理防御机制之三，如图1-3所示。

小女孩出来了，当你刚要采取动作时，一位老太太夺门而入，你想：“年轻人礼让老人，应该的。”——这是“合理化”。

（4）图解心理防御机制之四，如图1-4所示。

图1-3　心理防御机制——合理化

图1-4　心理防御机制——否认

老人出来了，当你刚要采取动作时，一个孕妇高喊着：“对不起，让让我。”一头扎了进去，你咬咬牙对自己暗暗地说：“要是换了别人，早上去把她们臭骂一顿了。可是，我可不是这样没有涵养的人。”——这是“否认”。

（5）图解心理防御机制之五，如图1-5所示。

孕妇出来了，当你刚要采取动作时，一个外国女人打着手势正要往里挤，你突然冲上去，怒不可遏地劈手两耳光，并纵身骑到她身上一边暴打一边咆哮着：“你还得寸进尺了？老子对你们这种卑劣行径早已经忍无可忍了！”——这是“移情”。

图1-5　心理防御机制——移情

（6）图解心理防御机制之六，如图1-6所示。

警察接到群众举报说你殴打外宾，于是前来干预。他们救走了外国女人，并把你带上了警车，你想：“他们只是碍于中外邦交的“面子”而走走过场、骗骗老外而已。其实，他们心里是站在我这边的。”——这是“投射”。

（7）图解心理防御机制之七，如图1-7所示。

你被带进了派出所，出乎你预料的是，警察居然要对你来真格的！于是，你对问题拒不回答，一屁股坐在地上开始又哭又闹撒泼打滚——这是“退行”。

图1-6　心理防御机制——投射

图1-7　心理防御机制——退行

（8）图解心理防御机制之八，如图1-8所示。

你被家人从派出所交罚金领了回来，从此闭门思过，于一年后出版了一本畅销书《排队引发的人生思考》——这是“升华”。

图1-8　心理防御机制——升华

以上我们从图解所看到的是日常生活中的防御机制，大家可以此为“镜子”对照一下这些防御机制，回忆一下工作中这些防御机制的影子。

5 建立健康成熟的心理防御机制

心理防御机制在现实生活和工作中是一种相当普遍的心理现象。人在其心理活动中，需要与欲望是不可能都得到满足，或多或少地会遇到挫折，从而产生情绪上的焦虑紧张和不安。一般来说，在这种情况下，人们或采用积极的态度和方法面对现实的矛盾，设法求得解决，或采取消极的态度和方法，企图回避矛盾以摆脱困境。主要有以下技巧：

（1）利他。替代性地为他人服务而自己也从中得到满足。这也就是人们常说的“双赢”——把别人的欲望和自己的欲望和谐地统一起来，在满足别人的过程中自己也得到满足。

（2）幽默。就是运用智慧因势利导，通过幽默的方式弱化和消解矛盾、冲突等不和谐因素，既明确地表达了自己的观念、情感和意图，又不至于引起别人和自己的尴尬和困窘。

（3）调节。它不同于压抑，它不是否定人的欲望和自主状态。它是当意识中出现想解决矛盾和冲突的冲动时，为了更好地解决问题，在意识或潜意识中暂且压制这种冲动，延迟行动。

（4）预见。也就是人们常说的未雨绸缪。为预感中将要出现的不舒服感预先作出切合实际的计划，为到时化解问题打下伏笔或将问题消除在萌芽状态。

（5）升华。通过一种合理的手段间接地减弱表现本能，既没有不良后果又不会明显丧失乐趣。同时，将坏事变好事，使挫折成为动力，不断提高和完善自我。

如果细心观察就会注意到，我们周围的一些成功人士都能在现实生活中比较好地运用心理防御机制解决他们面对的心理矛盾。

二 情绪的认识与心理调节

情绪是指个体对本身需要和客观事物之间关系的短暂而强烈的反应，是一种主观感受、生理反应、认知的互动，并表达出特定的行为。情绪是本身对外界的一种自然反应，是感受与认知的一种内在互动，会转化为一种特定的行为。

1 情绪的分类和状态

① 情绪分类

情绪在传统记载中可以分为“六情”，即喜、怒、哀、乐、爱、恶。近代的研究中，常把快乐、愤怒、悲哀、恐惧列为情绪的基本形式。现代心理学上，把快乐、悲哀、恐惧、愤怒看作单纯的情绪，称为基本情绪或原始情绪。

② 情绪状态

情绪状态是指在特定时间内，情绪活动在强度、紧张水平和持续时间上的综合表现。

典型性的情绪状态有以下几类：

（1）心境：一种较微弱而持久的情感状态。往往在一段长时间内影响人的言行和情绪。工作成败、生活条件、健康状况等，会对心境产生不同程度的影响。

（2）激情：短暂、强烈，无法控制的状态。

（3）应激：出乎意料后出现的紧张状态。

不同的情绪状态如图1–9所示。

2 情绪的产生

情绪的产生是一个复杂的过程，它的构成包括认知层面上的主观体验、生理层面上的生理唤醒和表达层面上的外部行为三个层面。情绪的产生如图1–10所示。

3 情绪的影响

积极的情绪可以提高人体的机能，能够形成一种动力，激励人去努力，而且，在活动中能够起到促进的作用；消极的情绪会使人感到难受，会抑制人的活动能力，使其活动起来动作缓慢、反应迟钝、效率低下。

三 服务礼仪

1 礼仪的定义

礼是表示敬意的通称，表示尊敬的语言或动作；仪则表示准则、表率、仪式、风度等。“礼仪”是“礼”和“仪”的组成。因此，礼仪是人类社会生活中在语言行为方面的一种约定俗成的符合礼的精神，要求每一个社会成员共同遵守的准则和规范。

也可以通俗地认为，礼仪是人们在长期的生活实践中，在语言行为方面由于风俗习惯而形成的为大家共同遵守的准则。

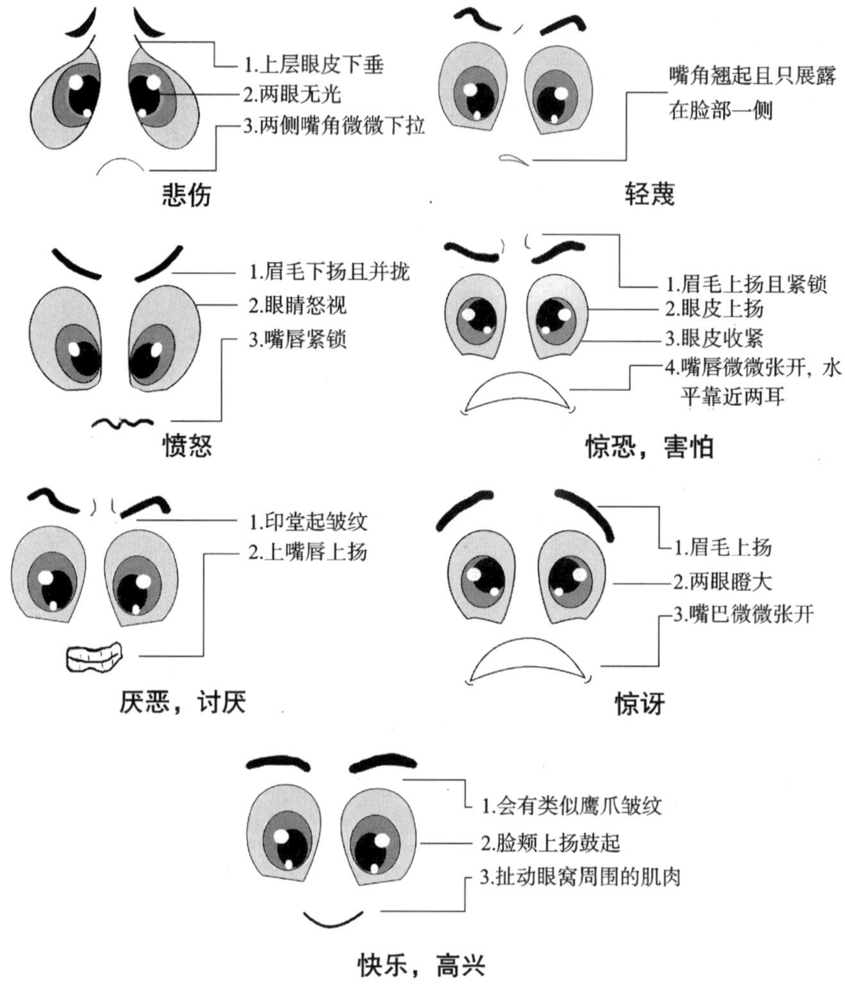

图1-9　情绪状态图

2 礼仪的基本原则

1 尊重

孔子说："礼者，敬人也。"这是对礼仪核心思想的高度概括。所谓尊重的原则，就是要求我们在服务过程中，要将对客人的重视、恭敬、友好放在第一位，这是礼仪的重点与核心。因此在服务过程中，首要的原则就是敬人之心常存。掌握了这一点，就等于掌握了礼仪的灵魂。在人际交往中，只要不失敬人之意，哪怕具体做法一时失当，也容易

图1-10　情绪的产生

获得服务对象的谅解。

② 真诚

服务礼仪所讲的真诚原则，就是要求在服务过程中，必须待人以诚，只有如此，才能表达对客人的尊敬与友好，才会更好地被对方所理解、所接受。与此相反，倘若仅把礼仪作为一种道具和伪装，在具体操作礼仪规范时口是心非，言行不一，则将有悖于礼仪的基本宗旨。

③ 宽容

宽容的基本含义是要求我们在服务过程中，既要严于律己，更要宽以待人，要多体谅他人，多理解他人，学会与服务对象进行心理换位，而千万不要求全责备，咄咄逼人。这实际上也是尊重对方的一个主要表现。

④ 从俗

由于国情、民族、文化背景的不同，在人际交往中，存在着“十里不同风，百里不同俗”的局面。例如，在北京第二十九届奥运会的服务工作中，要求志愿者对各国的礼仪文化、礼仪风俗以及宗教禁忌要有全面、准确的了解，才能够在服务过程中得心应手，避免出现差错。

⑤ 适度

适度的含义是要求应用礼仪时，为了保证取得成效，必须注意技巧，合乎规范，特别要注意做到把握分寸，认真得体。这是因为凡事过犹不及。假如做得过了头，或者做得不到位，都不能正确地表达自己的自律、敬人之意。

⑥ 敬人

敬人就是尊敬他人，包括尊敬自己。人们在社会交往中，要敬人之心常存，处处不可失敬于人，不可伤害他人的个人尊严，更不能侮辱对方的人格。

⑦ 自律

自律就是自我约束，按照礼仪规范严格要求自己，知道自己该做什么，不该做什么。自律是礼仪的基础和出发点。学习、应用礼仪，最重要的就是要自我要求、自我约束、自我对照、自我反省和自我检查。

⑧ 平等

平等是礼仪的核心，即尊重交往对象，以礼相待，对任何交往对象都必须一视同仁，给予同等程度的礼遇。

礼仪是在平等的基础上形成的，是一种平等的、彼此之间的相互对待关系的体现，其核心问题是尊重且满足相互之间获得尊重的需求。在交际活动中既要遵守平等的原则，同时也要善于理解具体条件下对方的一些行为，不应过多地挑剔对方的行为。

3 第一印象原则

礼仪是个人文明素养在社会交往中的集中表现。一个具备良好素养的人，总是会在恰当的时间和地点，表现出得体的言行礼仪，给人以优雅的仪态印象。任何礼仪都应该在对方的心理上产生愉悦之感。得体的礼仪往往能给客户留下好的印象增加信任感，能提升企业形象。

人们总是习惯依据性别、年龄、体态、姿势、谈吐、面部表情、衣着打扮等，判断一个人的内在素养和个性特征。

一个人给别人的第一印象会在30s内完成，有时候一笔交易会因为一个美丽的微笑而完成。这些都体现了第一印象的重要性，运用心理学上的专业术语就是首因效应。

首因，是指首次认知客体而在脑中留下的第一印象。首因效应，是人与人第一次交往中给人留下的印象在对方的头脑中形成并占据着主导地位的效应。首因效应也叫首次效应、优先效应或第一印象效应。个体在社会认知过程中，通过第一印象最先输入的信息对客体以后的认知产生的影响作用，第一印象一经建立，对其后的信息的组织、理解有较强的定向作用，个体对后续信息的解释往往是通过第一印象来完成的。

4 礼仪的作用

礼仪的作用概括地说，是表示人们不同地位的相互关系和调整、处理人们相互关系的手段。礼仪的作用表现在以下几个方面。

（1）尊重。尊重的作用即向对方表示尊敬、表示敬意，同时对方也还之以礼。礼尚往来，有礼仪的交往行为，蕴含着彼此的尊敬。

（2）约束。礼仪作为行为规范，对人们的社会行为具有很强的约束作用。礼仪经制定和推行后，久而久之，便会成为社会的习俗和社会行为规范。任何一个生活在某种礼仪习俗和规范环境中的人，都自觉或不自觉地受到该礼仪的约束，自觉接受礼仪约束的人是“成熟的人”的标志；不接受礼仪约束的人，社会就会以道德和舆论的手段来对他加以约束，甚至以法律的手段来强迫。

（3）教化。礼仪具有教化作用，主要表现在两个方面。一方面是礼仪的尊重和约束作用。礼仪作为一种道德习俗，它对全社会的每个人，都有教化作用，都在施行教化。另一方面，礼仪的形成、礼仪的完备和凝固，会成为一定社会传统文化的重要组成部分，它以传统的力量不断地由老一辈传承给新一代，世代相继、世代相传。在社会进步中，礼仪的教化作用具有极为重大的意义。

（4）调节。礼仪具有调节人际关系的作用。一方面，礼仪作为一种规范、程序以及一种文化传统，对人们之间相互关系的模式起着规范、约束和及时调整的作用；另一方面，某些礼仪形式、礼仪活动可以化解矛盾、建立新关系模式。可见，礼仪在发展健康良好的人际关系中，是有其重要作用的。

5 价格结算员的服务礼仪

价格结算员应做好以下几点：

（1）仪表整洁，以良好的精神面貌示人；

（2）严格遵守相关法律法规，坚守原则；

（3）对待客户质疑应耐心解释，保持谦和的态度。

第二章 维修行业从业相关法律、法规

本章重点介绍《中华人民共和国合同法》、《中华人民共和国价格法》、《中华人民共和国道路运输条例》、《江苏省机动车维修管理条例》、《机动车维修管理规定》等与机动车维修业务相关的法律、法规。价格结算员通过对本章内容的学习，能了解并掌握与机动车维修业务相关的法律、法规知识。

第一节 《中华人民共和国合同法》

《中华人民共和国合同法》（以下简称《合同法》）经第九届全国人民代表大会第二次会议通过，自1999年10月1日起施行。《合同法》是民商法的重要组成部分，是市场经济的基本法律制度，对于保护合同当事人的合法权益，维护社会经济秩序，促进社会主义现代化建设具有重要作用。

一 合同概述

合同又称契约，是两个以上的当事人之间变动民事权利义务的双方民事法律行为。《合同法》第2条规定："本法所称合同是平等主体的自然人、法人、其他组织之间设立、变更、终止民事权利义务关系的协议。婚姻、收养、监护等有关身份关系的协议，适用其他法律的规定。"这里所说的民事权利义务关系，主要是指财产关系，有关婚姻、收养、监护等身份关系的协议，不适用《合同法》。合同的特征体现在：

第一，合同是一种民事法律行为。合同是合同当事人意思表示的结果，是以设立、变更、终止财产性的民事权利义务为目的，且合同的内容即合同当事人之间的权利义务是由意思表示的内容来确定的。

第二，合同是一种双方或多方的民事法律行为。合同的成立须有两个或两个以上的当事人，互相或平行作出意思表示，各方当事人的意思表示须达成合意或协议，且这种合意或协议是当事人平等自愿协商的结果。

第三，合同是以在当事人之间设立、变更、终止财产性的民事权利义务为目的。合同当事人为了实现或保证各自的经济利益或共同的经济利益，以合同的方式来设立、变更、终止财产性的民事权利义务关系。

二 《合同法》的立法目的

《合同法》是民商法的重要组成部分，是规范市场交易的基本法律，它涉及生产、生活领域的方方面面，与企业的生产经营和人们的生活密切相关。因此，制定一部统一的、较为完备的合同法，规范各类合同，能够更好地适应社会主义市场经济发展的需要，对于及时解决经济纠纷，保护当事人的合法权益，维护社会经济秩序，促进社会主义现代化建设，具有十分重要的作用。

三 《合同法》的基本内容

《合同法》共3篇，分别是：总则、分则、附则；23章，共428条。在分则中，分别对买卖合同，供水、电、气、热合同，赠与合同，借款合同，租赁合同，融资租赁合同，承揽合同，建设工程合同，运输合同，技术合同，保管合同，仓储合同，委托合同，行纪合同，居间合同等作了明确规定。除1997年的《刑法》外，《合同法》是中国目前所有法律中条文最多的一部。

四 《合同法》的基本原则

《合同法》的基本原则是《合同法》的主旨和根本准则，是制订、解释、执行和研究《合同法》的出发点。《合同法》的基本原则的功能还在于：在合同约定不明或有漏洞时，可以依据《合同法》的基本原则予以适当纠正，甚至可以以《合同法》的基本原则作为处理合同纠纷的依据。

1 平等原则

平等原则是指地位平等的合同当事人，在权利义务对等的基础上达成一致，以实现互惠互利的经济利益目的的原则。《合同法》第3条规定："合同当事人的法律地位平等，一方不得将自己的意志强加给另一方。"这一原则包括以下内容：一是合同当事人的法律地位一律平等；二是合同当事人的权利义务对等；三是合同当事人应当协商一致，不得将一方的意志强加给对方，更不得以强迫、胁迫的手段签订合同；四是合同主体的合法权益平等地受法律保护。

2 自愿原则

自愿原则是指当事人依法享有在缔结合同、选择合同相对人、决定合同内容以及在变更和解除合同、选择合同补救方式等方面的自由。《合同法》第4条规定："当事人依法享有自愿订立合同的权利，任何单位和个人不得非法干预。"合同自愿原则是《合同法》最基本的原则，是鼓励交易、发展市场经济所必须采取的法律措施。它不仅为发展市场经济提供了必不可少的法律原则，而且也为社会主义市场经济奠定了充分尊重主体的自由和权利的新的法治原则。《合同法》的自愿原则不能为平等协商、等价有偿原则所代替。

3 公平原则

公平原则是指合同当事人之间权利义务的分配要公平合理，大体平衡，强调一方给付与另一方给付之间的等值性。《合同法》第5条规定："当事人应遵循公平原则确立双方的权利义务。"公平原则的内容包括：一是要求当事人在订立合同时，要根据公平原则确定双方的权利义务，不得滥用权利，不得欺诈；二是根据公平原则确定风险的合理分配；三是根据公平原则，确定违约责任。

4 诚实信用原则

诚实信用原则是指当事人在订立、履行合同，以及合同终止后的全过程中，都要诚实、讲信用，相互协作。《合同法》第6条规定："当事人行使权利、履行义务应当遵循诚实信用原则。"诚实信用原则具体包括：一是订立合同时，不得有欺诈或其他违背诚实信用的行为；二是在履行合同义务时，当事人应当遵循诚信原则，根据合同的性质、目的和交易习惯履行即时通知、协助、提供必要的条件、防止损失扩大、保密等义务；三是合同终止后，当事人也应当遵循诚实信用的原则，根据交易习惯履行通知、协助、保密等义务。

5 合法原则

合法原则是指合同的订立和履行应当遵守法律、行政法规的规定。《合同法》第7条规定："当事人订立、履行合同，应当遵守法律、行政法规，尊重社会公德，不得扰乱社会经济秩序，损害社会公共利益。"合法原则是民事活动的基本准则。合同的合法性原则具体包括：一是当事人在订约和履行中必须遵守法律和行政法规。《合同法》主要是任意性规范，但在特殊情况下为维护社会公共利益和交易秩序，《合同法》也对合同当事人的自由进行了必要的干预，这对于实现合同正义是十分必要的。合同正义与合同自由原则是合同法的两大原则，二者是互相补充、彼此协力的。合同正义是克服合同自由的流弊、补充合同自由的不足所必需的。二是当事人必须遵守社会公德，不得违背社会公共利益。法律规定得再完备，也不可能对社会经济现象包罗无遗，这就要求当事人在订约和履约中也必须要遵守公序良俗的要求，依据诚信原则履行各项附随义务。

五 《合同法》的重点条款解读

1 合同的订立

合同订立的一般程序如下：

（1）合同订立主体、形式。当事人订立合同，应当具有相应的民事权利能力和民事行为能力，当事人依法可以委托代理人订立合同。当事人订立合同，有书面形式、口头形式和其他形式，法律、行政法规规定采用书面形式的，应当采用书面形式，当事人约定采用书面形式的，应当采用书面形式。

书面形式是指合同书、信件和数据电文（包括电报、电传、传真、电子数据交换和电子邮件）等可以有形地表现所载内容的形式。合同的书面形式有多种，最通常的是当事人双方对合同有关内容进行协商订立的并由双方签字（或者同时盖章）的合同文本，也称作合同书或者书面合同。通常合同书中明确地记载合同的双方当事人的权利义务、解决争议的方法等具体内容。因此，发生争议可以按照合同的规定进行处理，比较容易解决纠纷，摆脱了“口说无凭”的状况。所以，最好采用签订合同书的形式。合同书有多种多样，有行业协会等制定的示范性合同文本，国际上也有通行的某种行业的标准文本，也有营业者提供的由营业者制订的格式合同文本，大量的还有双方当事人自己签订的合同文本。

（2）合同的内容。合同应设定哪些条款，是由当事人根据交易的需要和交易的类型而确定，法律在一般情况下，并不强制当事人的合同内容。但为了方便当事人，《合同法》将社会经验归纳的、经实际生活证明有用的合同条款列入法律，作为对当事人缔约的提示。《合同法》第12条规定，合同的内容由当事人约定，一般包括以下条款：当事人的名称或者姓名和住所；标的；数量；质量；价款或者报酬；履行期限、地点和方式；违约责任；解决争议的方法等。合同的条款任由当事人约定，但当事人如没有约定或约定不明确，双方当事人如对如何履行合同发生争议，且又不能达成补充协议的，依《合同法》第62规定，应适用以下的规定：质量要求不明确的，按照国家标准、行业标准履行；没有国家标准、行业标准的，按照通常标准或者符合合同目的的特定标准履行；价款或者报酬不明确的，按照订立合同时履行地的市场价格履行；依法应当执法政府定价或政府指导价的，按照规定履行；履行地点约定不明确的，给付货币的，在接受货币一方所在地履行；交付不动产的，在不动产所在地履行；其他标的，在履行义务一方所在地履行。

（3）关于合同的示范文本。规定订立合同可以参照各类合同的示范文本，就是为了使当事人订立合同更加认真、更加规范，尽量减少合同规定缺款少项、容易引起纠纷的情况。

（4）对订立合同方式的规定。当事人订立合同，采取要约、承诺方式。

要约是合同订立的第一个程序要件。要约是一方当事人向另一方提出的愿意按一定的条件与对方订立合同，且一旦要约被对方接受即可对提出要约的一方产生法律约束力的一种意思表示。在实践中要约又称发盘、发价或报价。要约发生法律效力，必须同时具备下列条件：一是要约应由特定的人提出，该特定的人是希望订立合同的人，作为要约人必须具有相应的民事行为能力；二是要约应向相对人作出意思表示，即受要约人是有限制条件的特定的人；三是要约必须具备合同的各项必要因素，其缔约意思必须明确、完全；四是要约必须是受相对人承诺约束的意思表示，相对人一旦承诺，合同即告成立。

承诺是指受要约人在要约的有效期内，按照要约所指定的方式对要约内容表示同意的一种意思表示。要约一经承诺合同即告成立。承诺的性质是对要约表示同意，即承诺应当是绝对和无条件的，而且必须愿意按照要约人提出的各项条款签订合同。实践中承诺也称还盘。承诺的有效条件包括：一是承诺必须由受要约人作出；二是承诺必须向要约人作出；三是承诺必须是对要约的完全同意。如果受要约人仅对要约的一部分作承诺，这实际上是对要约的修改，因而不会发生合同成立的法律效果。

《合同法》对要约和承诺生效均采用到达主义，即要约或承诺的意思表示传递了受要约人或要约人可控制的现实或虚拟的空间，不问其是否真实了解要约或承诺之意思，要约或承诺即生效。

（5）对要约的定义及其构成要件的规定。要约是希望和他人订立合同的意思表示，该意思表示应当符合下列规定：内容具体确定；表明经受要约人承诺，要约人即受该意思表示约束。

（6）对承诺方式的规定。承诺应当以通知的方式作出，但根据交易习惯或者要约表明可以通过行为作出承诺的除外。

（7）对采用合同书形式订立的合同何时成立的规定。当事人采用合同书形式订立合同的，自双方当事人签字或者盖章时合同成立。

（8）对确认书的规定。承诺生效的地点为合同成立的地点。当事人采用信件、数据电文等形式订立合同的，可以在合同成立之前要求签订确认书。签订确认书时合同成立。

（9）对合同成立地点的规定。采用数据电文形式订立合同的，收件人的主营业地为合同成立的地点；没有主营业地的，其经常居住地为合同成立的地点。当事人另有约定的，按照其约定。

（10）对采用合同书形式订立合同如何确定合同成立地点的规定。当事人采用合同书形式订立合同的，双方当事人签字或者盖章的地点为合同成立的地点。

（11）对格式条款的规定。格式条款是当事人为了重复使用而预先拟定，并在订立合同时未与对方协商的条款。

（12）对缔约过失责任的规定。当事人在订立合同过程中有下列情形之一，给对方造成损失的，应当承担损害赔偿责任：假借订立合同，恶意进行磋商；故意隐瞒与订立合同有关的重要事实或者提供虚假情况；有其他违背诚实信用原则的行为。

（13）对当事人保密义务的规定。本条是当事人在订立合同过程中知悉的商业秘密，无论合同是否成立，不得泄露或者不正当地使用。泄露或者不正当地使用该商业秘密给对方造成损失的，应当承担损害赔偿责任。

2 合同的效力

合同效力，也称合同的法律效力，是指法律赋予依法成立的合同所产生是法律约束力。其法律特征如下：一是合同效力仅仅存在于依法成立的合同或满足法定生效要件的合同，对于不成立的合同，当然谈不上合同的法律效力；而对于不具备生效要件的合同，自然也不能产生合同的法律效力。所以，合同有效成立是产生合同法律效力的前提。二是合同效力是《合同法》等法律所赋予合同的法律效力。合同本身是当事人的一种约定，这种约定离开《合同法》等法律，并不能产生法律效力，合同之所以产生法律效力，是因为当事人之间的这种约定，符合法律的要求，受到法律是强制保护，因而产生一种相当于法律的效力。三是合同效力是一种法律的约束力。合同当事人的各项涉约行为都受这种约束力的规制。

1 关于确认合同效力的法律适用

（1）确认合同的效力是仲裁庭的法定职权与职责。《中华人民共和国仲裁法》第10条第2款规定："仲裁庭有权确认合同的效力。"仲裁合同纠纷，首先要解决的问题是确认合同的效力。仲裁庭要审查合同是否已经成立，已经成立的合同是有效合同还是无效合同，有效合同是否已经生效。因为有效合同和无效合同的处理原则和法律后果是不同的。经过审查，如确认合同有效，该合同所约定的合同当事人的权利义务关系就受法律保护，处理他们之间的纠纷就应以合同所约定的权利义务为基础。如确认合同无效，则该合同从订立的时候起，就没有法律约束力，处理当事人之间的纠纷就不应依据该无效合同来判断是非和责任，而应当根据具体情况，按照法律、行政法规关于无效合同的规定去处理。

（2）关于合同生效的法律适用。《合同法》第44条规定："依法成立的合同，自成立时生效。法律、行政法规规定应当办理批准、登记等手续生效的，依照其规定。"

《合同法》区分了合同成立与合同生效的概念。《合同法》第44条第2款规定，法律、行政法规明确规定合同自批准、登记之日起生效的，当然没有问题，但如只规定合同应当办理批准、登记手续而未明确规定为生效要件的，其法律效果如何就不明确了。对此问题，最高人民法院《关于适用〈中华人民共和国合同法〉若干问题的解释（一）》的第9条作了如下规定："依照合同法第44条第2款的规定，法律、行政法规规定合同应当办理批准手续，或者办理批准、登记等手续才生效，在一审法庭辩论终结前当事人仍未办理批准手续的，或者仍未办理批准、登记等手续的，人民法院应当认定该合同未生效；法律、行政法规规定合同应当办理登记手续，但未规定登记后生效的，当事人未办理登记手续不影响合同的效力，合同标的物所有权及其他物权不能转移。合同法第77条第2款、第87条、第96条第2 款所列合同变更、转让、解除等情形，依照前款规定处理。"

（3）关于合同无效的法律适用。《合同法》明确、具体地规定"违反法律、行政法规的强制性规定"的合同无效。因为法律、行政法规的规定有强制性规定和任意性规定之分。只有关系国家利益、社会秩序、经济秩序、市场交易安全等事项，法律和行政法规才设强制性规定；而只关系当事人自己利益的事项，法律、法规设任意性规定，允许当事人按照自愿原则协商决定。强制性的法律规范又分为义务性规范和禁止性规范，义务性规范是人们必须履行一定行为的法律规定，法律的表述常用"必须"、"应当"；禁止性规范是人们不得从事某种行为的规定，法律的表述常用"禁止"或"不得"。

2 关于违约责任认定的法律适用

（1）违约责任的归责原则。对于违约责任的归责原则，《合同法》确立了严格责任原则。对违约责任的认定，在严格责任原则下，应考虑违约的结果是否因违约方的行为造成，而不考虑违约方有无过失。当然，如果证明违约行为与违约后果之间无因果关系，或者是违约方具备免责事由，则仍可不承担或者可以部分或全部免除其责任。而在过错责任原则下，只有在不能证明其对违约行为无过错的情况下，即在其有故意和过失的情况下，才承担违约责任。要注意的是，《合同法》对某些合同违约的特殊情况，采用了过错责任原则，作为严格责任原则的例外或者补充规定。例如，《合同法》第374条关于保管合同的规定："保管期间，因保管人保管不善造成保管物毁损、灭失的，保管人应当承担损害赔偿责任，但保管是无偿的，保管人证明自己没有重大过失的，不承担损害赔偿责任。"

（2）关于违约金与损害赔偿。损害赔偿是对违约的一种重要的救济方法。《合同法》第113条第1款规定："当事人一方不履行合同义务或者履行合同义务不符合约定，给对方造成损失的，损失赔偿额应当相当于因违约所造成的损失，包括合同履行后可以获得的利益，但不得超过违反合同一方订立合同时预见到或者应当预见到的因违反合同可能造成的损失。”违约金作为一种违约的补救方式，在违约金的性质体现赔偿性的情况下，违约金被视为损害赔偿额的预定，这种违约金旨在补偿债权人因违约所造成的实际损失，因而可以代替损害赔偿，在违约方支付了违约金之后，债权人不得另行要求其承担损害赔偿责任。《合同法》尽管突出了违约金的赔偿性，但还是有着与损害赔偿不同的特点。

3 合同效力的具体表现

（1）合同依法成立后，双方当事人必须严格按照合同要求履行合同。

（2）当事人非经协商或依法律规定，不得擅自变更或解除合同。

（3）当事人依法享有合同的各项权利，如给付请求权、抗辩权等。

（4）当事人的合同权利受法律保护，当这种权利受到侵害时，权利人可请求法院给予保护。

（5）当事人一旦违约，就必须依法承担违约责任。

3 合同的履行

（1）规定了诚信履行的原则。当事人应当按照约定全面履行自己的义务。当事人应当遵循诚实信用原则，根据合同的性质、目的和交易习惯履行通知、协助、保密等义务。

（2）规定了当事人就合同中质量等内容的补充确定。合同生效后，当事人就质量、价款或者报酬、履行地点等内容没有约定或者约定不明确的，可以协议补充；不能达成补充协议的，按照合同有关条款或者交易习惯确定。

（3）规定了对质量、价款、履行地点、履行方式、履行期限、履行费用的确定。当事人在合同中对质量、价款、履行地点、履行方式、履行期限、履行费用未约定，或者约定不明确，既不能通过协商达成补充协议，又不能按照合同的有关条款或者交易习惯确定，可以适用下列规定：

①质量标准不明确的，有国家标准、行业标准的，按照国家标准、行业标准履行。没有国家标准、行业标准的，按照同类产品或者同类服务的市场通常质量标准或者符合合同目的特定标准履行。这里讲的通常标准，指的是同一价格的中等质量标准。

②价款不明确的，除依法必须执行政府定价、政府指导价的以外，按照同类产品、同类服务订立合同时履行地的市场价格履行。

③履行地点不明确的，如果是给付货币，在接受给付一方的所在地履行。交付不动产的，在不动产所在地履行。其他标的在履行义务一方的所在地履行。

④履行期限不明确的，债务人可以随时向债权人履行义务，债权人也可以随时请求债务人履行义务。不能即时履行的，应当给对方必要的准备时间。

⑤履行方式不明确的，按照标的物性质决定的方式或者有利于实现合同目的的方式履行。

⑥履行费用的负担不明确的，由履行义务一方负担履行费用。

（4）规定了向第三人履行的合同。当事人约定由债务人向第三人履行债务的，债务人未向第三人履行债务或者履行债务不符合约定，应当向债权人承担违约责任。

（5）规定了由第三人履行的合同。当事人约定由第三人向债权人履行债务的，第三人不履行债务或者履行债务不符合约定，债务人应当向债权人承担违约责任。

（6）本条规定了同时履行抗辩权。当事人互负债务，没有先后履行顺序的，应当同时履行。一方在对方履行之前有权拒绝其履行要求。一方在对方履行债务不符合约定时，有权拒绝其相应的履行要求。

（7）规定了不安抗辩权。不安抗辩权，又称先履行抗辩权，指双务合同成立后，应当先履行的当事人有证据证明对方不能履行义务，或者有不能履行合同义务的可能时，在对方没有履行或者提供担保之前，有权中止履行合同义务。在双务合同中，应当先履行的当事人没有后履行抗辩权，故法律设立不安抗辩权，使其在对方无力履行的情况下享有拒绝履行合同义务的权利。应当先履行债务的当事人，有确切证据证明对方有下列情形之一的，可以中止履行：

①经营状况严重恶化；

②转移财产、抽逃资金，以逃避债务；

③丧失商业信誉；

④有丧失或者可能丧失履行债务能力的其他情形。

当事人没有确切证据中止履行的，应当承担违约责任。

（8）规定了不安抗辩权的行使。当事人依照《合同法》第68条的规定中止履行的，应当及时通知对方。对方提供适当担保时，应当恢复履行。中止履行后，对方在合理期限内未恢复履行能力并且未提供适当担保的，中止履行的一方可以解除合同。

（9）规定了债权人分立、合并或者变更住所没有通知债务人致使债务履行困难时的中止履行。债权人分立、合并或者变更住所没有通知债务人，致使履行债务发生困难的，债务人可以中止履行或者将标的物提存。

（10）规定了撤销权。因债务人放弃其到期债权或者无偿转让财产，对债权人造成损害的，债权人可以请求人民法院撤销债务人的行为。债务人以明显不合理的低价转让财产，对债权人造成损害，并且受让人知道该情形的，债权人也可以请求人民法院撤销债务人的行为。撤销权的行使范围以债权人的债权为限。债权人行使撤销权的必要费用，由债务人负担。

（11）规定了撤销权的时效。撤销权自债权人知道或者应当知道撤销事由之日起1年内行使。自债务人的行为发生之日起5年内没有行使撤销权的，该撤销权消灭。

（12）本条规定了当事人不得因姓名、名称、法定代表人的变更或者承办人的变动而不履行合同。合同生效后，当事人应当按照诚信原则全面履行合同义务，不能因自己的姓名或者名称、法定代表人等的变更而不履行合同义务，也不得因承办人等的变动不履行合同义务。

4 合同的变更和转让

（1）关于当事人变更合同的规定。当事人协商一致，可以变更合同。法律、行政法规规定变更合同应当办理批准、登记等手续的，依照其规定。

（2）关于合同变更的内容约定不明确的规定。当事人对合同变更的内容约定不明确的，推定为未变更。

（3）关于合同权利转让的规定。债权人可以将合同的权利全部或者部分转让给第三人，但有下列情形之一的除外：

①根据合同性质不得转让；

②按照当事人约定不得转让；

③依照法律规定不得转让。

（4）关于债权人转让权利应当通知债务人的规定。债权人转让权利的，应当通知债务人。未经通知，该转让对债务人不发生效力。债权人转让权利的通知不得撤销，但经受让人同意的除外。

（5）关于转让权利时，主权利和从权利不能分离的规定。债权人转让权利的，受让人取得与债权有关的从权利，但该从权利专属于债权人自身的除外。

（6）关于债务人转移合同义务的规定。债务人将合同的义务全部或者部分转移给第三人的，应当经债权人同意。

（7）关于权利和义务一并转让的规定。当事人一方经对方同意，可以将自己在合同中的权利和义务一并转让给第三人。

（8）关于当事人订立合同后合并或者分立的规定。当事人订立合同后合并的，由合并后的法人或者其他组织行使合同权利，履行合同义务。当事人订立合同后分立的，除债权人和债务人另有约定的以外，由分立的法人或者其他组织对合同的权利和义务享有连带债权，承担连带债务。

5 合同的权利义务终止

（1）关于合同的权利义务终止情形的规定。有下列情形之一的，合同的权利义务终止：

①债务已经按照约定履行；

②合同解除；

③债务相互抵销；

④债务人依法将标的物提存；

⑤债权人免除债务；

⑥债权债务同归于一人；

⑦法律规定或者当事人约定终止的其他情形。

（2）是关于后合同义务的规定。合同的权利义务终止后，当事人应当遵循诚实信用原则，根据交易习惯履行通知、协助、保密等义务。

（3）关于约定解除合同的规定。当事人协商一致，可以解除合同。当事人可以约定一方解除合同的条件。解除合同的条件成就时，解除权人可以解除合同。

（4）关于法定解除合同的规定。有下列情形之一的，当事人可以解除合同：

①因不可抗力致使不能实现合同目的；

②在履行期限届满之前，当事人一方明确表示或者以自己的行为表明不履行主要债务；

③当事人一方迟延履行主要债务，经催告后在合理期限内仍未履行；

④当事人一方迟延履行债务或者有其他违约行为致使不能实现合同目的；

⑤法律规定的其他情形。

（5）关于解除权行使期限的规定。法律规定或者当事人约定解除权行使期限，期限届满当事人不行使的，该权利消灭。法律没有规定或者当事人没有约定解除权行使期限，经对方催告后在合理期限内不行使的，该权利消灭。

（6）关于解除合同程序的规定。当事人一方依照《合同法》第93条第2款、第94条的规定主张解除合同的，应当通知对方。合同自通知到达对方时解除。对方有异议的，可以请求人民法院或者仲裁机构确认解除合同的效力。法律、行政法规规定解除合同应当办理批准、登记等手续的，依照其规定。

（7）关于合同解除的效力的规定。合同解除后，尚未履行的，终止履行；已经履行的，根据履行情况和合同性质，当事人可以要求恢复原状、采取其他补救措施，并有权要求赔偿损失。

（8）关于合同终止后有关事宜的规定。合同的权利义务终止，不影响合同中结算和清理条款的效力。

（9）关于法定抵销的规定。当事人互负到期债务，该债务的标的物种类、品质相同的，任何一方可以将自己的债务与对方的债务抵销，但依照法律规定或者按照合同性质不得抵销的除外。当事人主张抵销的，应当通知对方。通知自到达对方时生效。抵销不得附条件或者附期限。

（10）关于约定抵销的规定。当事人互负债务，标的物种类、品质不相同的，经双方协商一致，也可以抵销。

（11）关于免除债务的规定。债权人免除债务人部分或者全部债务的，合同的权利义务部分或者全部终止。

（12）关于债权债务混同的规定。债权和债务同归于一人的，合同的权利义务终止，但涉及第三人利益的除外。

6 违约责任

（1）规定了违约的基本形态和承担违约责任的种类。当事人一方不履行合同义务或者履行合同义务不符合约定的，应当承担继续履行、采取补救措施或者赔偿损失等违约责任。

（2）规定了预期违约。当事人一方明确表示或者以自己的行为表明不履行合同义务的，对方可以在履行期限届满之前要求其承担违约责任。

（3）规定了未支付价款或者报酬的违约责任。当事人一方未支付价款或者报酬的，对方可以要求其支付价款或者报酬。

（4）规定了不履行非金钱债务或者履行非金钱债务不符合约定的违约责任。当事人一方不履行非金钱债务或者履行非金钱债务不符合约定的，对方可以要求履行，但有下列情形之一的除外：

①法律上或者事实上不能履行；

②债务的标的不适于强制履行或者履行费用过高；

③债权人在合理期限内未要求履行。

（5）规定了质量不符合约定的违约责任。质量不符合约定的，应当按照当事人的约定承担违约责任。对违约责任没有约定或者约定不明确，依照《合同法》第61条的规定仍不能确定的，受损害方根据标的的性质以及损失的大小，可以合理选择要求对方承担修理、更换、重作、退货、减少价款或者报酬等违约责任。

（6）规定了违约后的赔偿损失的责任。当事人一方不履行合同义务或者履行合同义务不符合约定的。在履行义务或者采取补救措施后，对方还有其他损失的，应当赔偿损失。

（7）规定了赔偿损失。当事人一方不履行合同义务或者履行合同义务不符合约定，给对方造成损失的，损失赔偿额应当相当于因违约所造成的损失，包括合同履行后可以获得的利益，但不得超过违反合同一方订立合同时预见到或者应当预见到的因违反合同可能造成的损失。

经营者对消费者提供商品或者服务有欺诈行为的，依照《中华人民共和国消费者权益保护法》的规定承担损害赔偿责任。

（8）规定了违约金。当事人可以约定一方违约时应当根据违约情况向对方支付一定数额的违约金，也可以约定因违约产生的损失赔偿额的计算方法。

约定的违约金低于造成的损失的，当事人可以请求人民法院或者仲裁机构予以增加；约定的违约金过分高于造成的损失的，当事人可以请求人民法院或者仲裁机构予以适当减少。

当事人就迟延履行约定违约金的，违约方支付违约金后，还应当履行债务。

（9）规定了定金责任。当事人可以依照《中华人民共和国担保法》约定一方向对方给付定金作为债权的担保。债务人履行债务后，定金应当抵作价款或者收回。给付定金的一方不履行约定的债务的，无权要求返还定金；收受定金的一方不履行约定的债务的，应当双倍返还定金。

（10）规定了选择适用违约金与定金条款。当事人既约定违约金，又约定定金的，一方违约时，对方可以选择适用违约金或者定金条款。

（11）规定了不可抗力。因不可抗力不能履行合同的，根据不可抗力的影响，部分或者全部免除责任，但法律另有规定的除外。当事人迟延履行后发生不可抗力的，不能免除责任。

（12）规定了因不可抗力不能履行合同的通知。当事人一方因不可抗力不能履行合同的，应当及时通知对方，以减轻可能给对方造成的损失，并应当在合理期限内提供证明。

（13）规定了防止损失的扩大。当事人一方违约后，对方应当采取适当措施防止损失的扩大；没有采取适当措施致使损失扩大的，不得就扩大的损失要求赔偿。

当事人因防止损失扩大而支出的合理费用，由违约方承担。

（14）规定了双方违约应承担的责任。当事人双方都违反合同的，应当各自承担相应的责任。

（15）规定了因第三人原因造成的违约。当事人一方因第三人的原因造成违约的，应当向对方承担违约责任。当事人一方和第三人之间的纠纷，依照法律规定或者按照约定解决。

（16）规定了违约责任与侵权责任的竞合。因当事人一方的违约行为，侵害对方人身、财产权益的，受损害方有权选择依照《合同法》要求其承担违约责任或者依照其他法律要求其承担侵权责任。

7 其他规定

（1）关于其他法律对合同另有规定应如何适用法律的规定。其他法律对合同另有规定的，依照其规定。

（2）对无名合同如何适用法律的规定。《合同法》分则或者其他法律没有明文规定的合同，适用《合同法》总则的规定，并可以参照《合同法》分则或者其他法律最相类似的规定。

（3）关于合同条款发生争议或者词句不一致的解释的规定。当事人对合同条款的理解有争议的，应当按照合同所使用的词句、合同的有关条款、合同的目的、交易习惯以及诚实信用原则，确定该条款的真实意思。

合同文本采用两种以上文字订立并约定具有同等效力的，对各文本使用的词句推定具有相同含义。各文本使用的词句不一致的，应当根据合同的目的予以解释。

（4）关于合同争议处理方式的规定。当事人可以通过和解或者调解解决合同争议。

当事人不愿和解、调解或者和解、调解不成的，可以根据仲裁协议向仲裁机构申请仲裁。涉外合同的当事人可以根据仲裁协议向中国仲裁机构或者其他仲裁机构申请仲裁。当事人没有订立仲裁协议或者仲裁协议无效的，可以向人民法院起诉。当事人应当履行发生法律效力的判决、仲裁裁决、调解书；拒不履行的，对方可以请求人民法院执行。

第二节 《中华人民共和国价格法》

《中华人民共和国价格法》（以下简称《价格法》）经第八届全国人民代表大会常务委员会第二十九次会议于1997年12月29日通过，自1998年5月1日起施行。《价格法》是社会主义市场经济法律体系中最重要的法律之一，是整个价格法律体系的基本法，其他有关价格的法规、规章都必须以《价格法》为依据。

一 《价格法》的立法目的

制定《价格法》的根本目的是保障社会主义市场经济健康发展。我国经济体制改革的目标是建立社会主义市场经济体制，使市场在政府宏观调控下对资源配置起基础性作用。社会主义市场经济是在国家宏观调控下的规范有序的竞争性经济，其实质是“政府调控市场，市场形成价格，价格引导资源配置”的一种经济运行机制。市场经济的基本规律是价值规律，价格是价值的货币表现。在市场经济条件下，价值规律对社会生产、流通、分配和消费的调节作用是通过市场机制来实现的，而价格机制是市场机制的核心，市场优化资源配置的作用是通过价格机制实现的；价格是价值规律作用的主要表现形式，人们主要是通过市场价格来认识和遵循价值规律的。价值与价格的这种客观联系，从根本上决定了价格在社会主义市场经济中的地位和作用。能不能建立起新的社会主义市场经济体制，在一定意义上讲，取决于能否建立、健全新的价格形式机制和价格调控机制。法律手段既是规范市场主体行为，创造市场价格机制正常运转的必要条件和提高资源配置效率的有效工具，也是规范政府行为，保障价格调控措施的科学性和有效性，提高宏观调控效果的必要保证。因此，价格立法的根本目的是保障社会主义市场经济持续、稳定、协调发展。

二 《价格法》的实施意义

1 规范价格行为

市场价格机制是一种以市场竞争为运行基础，通过定价主体的决策行为而形成价格的机制。适应这种机制的内在要求，需要围绕市场运行的各个环节，制定出相应的维护和促进市场竞争的法律规范，从而使市场主体依法经营，参与公平竞争，自觉地规范价格行为；政府则依法监督，维护公平竞争，制止不正当的价格行为。总之，同社会主义市场经济相适应的价格，主要在市场交换中形成，政府要完善市场体系和竞争环境，使之形成合理的市场价格。

2 发挥价格合理配置资源的作用

这里讲的资源是人们可以支配利用的人力、物力、财力和土地等经济资源。社会经济资源在任何时候都是有限的，而社会对资源的需求却是众多的、无限的。所谓资源配置就是社会如何把有限的资源配置到社会需要的众多领域、部门、产品和劳务的生产上去，而且配置得最为有效或较为有效，产生最佳的效益，以最大限度地满足社会的需求。市场经济中的资源配置方式建立在利益多元化的基础之上，由市场按价值规律和供求规律形成的价格向各层次经济活动者提供广泛而真实的信息，公平竞争的法律环境使得经济活动者能够自由地进入和退出市场，作出符合各自利益的决策。

3 稳定市场价格总水平

价格总水平是国民经济的综合反映，稳定价格总水平是国家宏观经济管理的首要内容，现代市场经济国家都把稳定价格总水平当作宏观经济的主要目标。

4 保护消费者和经营者的合法权益

保护消费者的价格权益，是《价格法》的主要立法宗旨之一。《价格法》对维护广大消费者的价格权益作出了明确规定，明确了消费者在价格活动中的地位和参与定价的权利。消费者有权对各种价格活动进行监督，有权对价格违法行为进行举报，并受到价格主管部门的保护。《价格法》为保护经营者的合法权益，促进企业转换经营机制，增强企业活力提供了有力的法律保障。

三 《价格法》的相关条款

1 实行市场调节价，即由经营者自主定价的范围

《价格法》第6条规定："商品价格和服务价格，除依照本法第18条规定适用政府指导价或者政府定价外，实行市场调节价，由经营者依照本法自主制定。"

为了便于准确划定市场调节价的具体范围，考虑到绝大多数商品和服务价格实行市场调节价，《价格法》采取排除法，除了按《价格法》第18条规定适用政府指导价或政府定价以外的商品和服务项目，均实行市场调节价，由经营者自主制定。

2 经营者定价必须遵守的基本行为准则

《价格法》第7条规定："经营者定价，应当遵循公平、合法和诚实信用的原则。"

在社会主义市场经济体制中，经营者享有广泛的价格决策权，但要遵循一定的行为准则。价格约束机制要求市场价格的确立，不仅要接受市场竞争法则和效率法则的约束，而且要受到法律原则和道德规范的约束，从而有利于发挥价格在市场经济中的积极作用，抑制和减少价格机制的消极作用。

① 公平原则

公平原则是指在市场交易中，经营者的价格行为应当符合价值规律，遵循等价交换原则，合理制定价格。

② 合法原则

合法原则是指经营者的价格活动应当符合国家价格法律、法规和规章的规定，违法的价格行为将受到查处，并承担相应的法律责任。

③ 诚实信用原则

所谓诚实，就是开诚布公、货真价实；所谓信用，就是信守承诺，说到做到。具体到经营者的价格活动，不如实介绍商品的情况，以次充好，掺杂使假，以合法行为掩盖违法目的等行为，都是违反诚实原则的；违反协议，不履行已承诺的义务等，都是违反信用原则的。这些行为不仅无效，当事人还应对由此而造成的损害进行赔偿。

3 经营者制定价格的基本依据

《价格法》第8条规定："经营者定价的基本依据是生产经营成本和市场供求状况。"

对市场调节价，虽然企业有自主定价的权利，但市场形成价格是有其客观规律的。在市场形成价格时，决定价格水平高低的诸多因素中，生产经营成本是基本因素，供求关系是最终的决定因素。

作为定价依据的生产经营成本，是经营者在生产商品和提供服务过程中发生的各种活劳动和物化劳动耗费的总和，类似于《企业会计准则》中"费用"概念，既包括

直接材料、直接人工和制造费用，又包括财务费用、管理费用和销售费用。只有将生产经营成本核定准确，才能制定出合理的商品差价和价格。加强成本核算与管理，努力降低产品成本，有着重要的经济和社会意义。

4 经营者获得的合法途径

《合同法》第9条规定："经营者应当努力改进生产经营管理，降低生产经营成本，为消费者提供价格合理的商品和服务，并在市场竞争中获取合法利润。"

市场调节价要求价格在市场竞争中形成，经营者获利必须选择的目标是：将市场可销价格作为上限，将生产经营成本作为价格下限，同时必须遵循社会主义条件下合理的价格竞争原则，抛弃不择手段的价格竞争方式。因此，经营者获取合法最大利润的唯一途径是努力改进生产经营管理，降低生产经营成本，为消费者提供价格合理的商品和服务。

5 经营者健全内部价格管理的义务

《价格法》第10条规定："经营者应当根据其经营条件建立、健全内部价格管理制度，准确记录与核定商品和服务的生产经营成本，不得弄虚作假。"

经营者内部价格管理制度是经营者协调内部价格管理工作秩序，规范内部自身价格行为的准则。建立、健全经营者内部价格管理制度，是经营者遵守国家价格法律、法规，贯彻国家价格方针政策，提高经营者价格管理水平的保证。经营者内部价格管理制度主要有定调价管理制度、经营者内部价格报告和检查制度。定调价管理制度包括：价格目标管理制度、定调价程序管理制度、价格配套管理制度和价格折扣制度等。经营者内部价格报告和检查制度主要包括：价格通知制度、价格工作联系制度、明码标价制度、定价效果报告制度、内部价格监督检查制度。

6 经营者在价格活动中享有的基本权利

《价格法》第11条规定，经营者进行价格活动，享有以下权利：

（1）自主制定属于市场调节的价格；

（2）在政府指导价规定的幅度内制定价格；

（3）制定属于政府指导价、政府定价产品范围内的新产品的试销价格，特定产品除外；

（4）检举、控告侵犯其依法自主定价权利的行为。

经营者有权自主制定属于市场调节的价格。市场调节价是由经营者自主制定，在市场竞争中形成的价格，经营者有权依据生产经营成本和市场供求，在市场竞争中合理制定价格，获取合法利润。

经营者有权在政府指导价规定的幅度内制定价格。政府指导价是双重定价主体的价格，集价格的稳定性和灵活性于一身，既能适应价格稳定的要求，又能满足市场变动的要求。在政府规定的限度内，经营者有权根据市场供求情况，制定具体价格，从而保证价格的正常运行。

7 经营者在价格活动中应当履行的基本义务

《价格法》第12条规定："经营者进行价格活动，应当遵守法律、法规，执行依法制定的政府指导价、政府定价和法定的价格干预措施、紧急措施。"

（1）遵守法律、法规。价格法律、法规、规章和政策是为建立社会主义市场经济体制，规范价格行为，维护市场竞争秩序，稳定市场价格总水平，发挥价格合理配置资源的作用，促进经济发展和社会稳定而制定的。因此，遵守国家价格法律、法规、规章和政策，是经营者进行价格活动时应履行的最重要的义务，经营者必须自觉地把自己的价格行为规范在国家价格法律、法规、规章和政策之内。

（2）执行依法制定的政府指导价、政府定价。对于依法制定的政府指导价、政府定价，经营者必须执行。这是因为，政府指导价和政府定价带有强制性，政府在制定价格前，已充分进行了调查，听取了有关方面的意见，权衡了各方利益。价格一旦确定就具有了法律效力，经营者具有执行的义务，不得改变，但可以向政府反映执行中的问题，提出价格调整是否合适的看法，在政府未改变价格之前，必须严格执行。

（3）执行法定的价格干预措施、紧急措施。价格干预和紧急措施是政府应用行政手段对价格进行宏观调控的措施，是保持市场价格基本稳定的需要，也是保证国家社会安定的要求，经营者严格执行政府采取的这些措施是义不容辞的义务。

8 经营者必须履行明码标价的义务

《价格法》第13条规定："经营者销售、收购商品和提供服务，应当按照政府价格主管部门的规定明码标价，注明商品的品名、产地、规格、等级、计价单位、价格或者提供服务的项目、收费标准等有关情况。经营者不得在标价之外加价出售商品，不得收取任何未予标明的费用。"

明码标价是价格管理的一项行政性强制措施，是价格管理最基本的形式和内容之一。在这里，"码"是指"代表数目的符号"，"明码"是指与价格有关的基本指标和数据必须明白表示，"价"指"价格"，"标价"指"标出价格"，"明码标价"指在商品或服务各项指标基础上标示的价格水平或收费标准。明码标价要求经营者所标示的价格必须是真实明示的商品或服务各项指标基础上的价格。明码标价必须是在出售商品或提供服务之前明示，而不是事后告之，其目的是让消费者对商品或服务在事前有一个最基本的了解。

9 关于经营者价格行为的禁止性规范

《价格法》第14条规定，经营者不得有下列不正当价格行为：

（1）相互串通，操纵市场价格，损害其他经营者或者消费者的合法权益；

（2）在依法降价处理鲜活商品、季节性商品、积压商品等商品外，为了排挤竞争对手或者独占市场，以低于成本的价格倾销，扰乱正常的生产经营秩序，损害国家利益或者其他经营者的合法权益；

（3）捏造、散布涨价信息，哄抬价格，推动商品价格过高上涨的；

（4）利用虚假的或者使人误解的价格手段，诱骗消费者或者其他经营者与其进行交易；

（5）提供相同商品或者服务，对具有同等条件的其他经营者实行价格歧视；

（6）采取抬高等级或者压低等级等手段收购、销售商品或者提供服务，变相提高或者压低价格；

（7）违反法律、法规的规定牟取暴利；

（8）法律、行政法规禁止的其他不正当价格行为。

四 法律责任

1 对经营者不执行政府指导价、政府定价以及价格干预措施、紧急措施的行政责任的规定

《价格法》第39条规定："经营者不执行政府指导价、政府定价以及法定的价格干预措施、紧急措施的，责令改正，没收违法所得，可以并处违法所得五倍以下的罚款；没有违法所得的，可以处以罚款；情节严重的，责令停业整顿。"

2 对经营者实施《价格法》第14条规定的不正当价格行为的行政责任与认定的规定

《价格法》第40条规定："经营者有本法第14条所列行为之一的，责令改正，没收违法所得，可以并处违法所得五倍以下的罚款；没有违法所得的，予以警告，可以并处罚款；情节严重的，责令停业整顿，或者由工商行政管理机关吊销营业执照。有关法律对本法第14条所列行为的处罚及处罚机关另有规定的，可以依照有关法律的规定执行。"

《价格法》第14条第（一）项、第（二）项所列行为，属于全国性的，由国务院价格主管部门认定；属于省及省以下区域性的，由省、自治区、直辖市人民政府价格主管部门认定。

3 对经营者的民事责任的规定

《价格法》第41条规定："经营者因价格违法行为致使消费者或者其他经营者多付价款的，应当退还多付部分；造成损害的，应当依法承担赔偿责任。"

4 对不按照规定明码标价的经营者行政责任的规定

《价格法》第42条规定："经营者违反明码标价规定的，责令改正，没收违法所

得，可以并处五千元以下的罚款。”

第三节 《中华人民共和国道路运输条例》

《中华人民共和国道路运输条例》（以下简称《道路运输条例》）经2004年4月14日国务院第48次常务会议通过，2004年4月30日中华人民共和国国务院令第406号公布；根据2012年11月9日中华人民共和国国务院令第628号公布、自2013年1月1日起施行的《国务院关于修改和废止部分行政法规的决定》修正。

《道路运输条例》是我国第一部由国务院制定并下达的规范道路运输经营活动和管理行为的行政法规。其颁布实施，是国家高度重视道路运输发展的体现，是道路运输业适应全面建设小康社会要求的客观需要，也是全国交通系统企盼已久的一件大事。

机动车维修是道路运输业务的重要组成部分，在《道路运输条例》中对机动车维修经营与管理有专门的规定和要求。每一位机动车维修从业人员都必须认真学习、深刻理解、坚决贯彻《道路运输条例》，做到知法、懂法、守法，熟知自己的权利、责任和义务，有效地维护自己的合法权益，推动机动车维修市场健康、稳步地发展。

一 基本内涵和原则

《道路运输条例》根据《行政许可法》的立法精神，体现了有权必有责、用权受监督、侵权需赔偿的权力运作规律，在设立行政许可方面采取了非常慎重的态度。一方面，把关系人民群众生命财产安全的事项，如旅客运输和危险品运输，作为审批的重点，采取严格的市场准入；另一方面，对普通货物运输、运输站场经营、机动车维修和驾驶员培训等事项，放宽了市场准入条件，尽可能体现公平、公正、公开和便民、高效、降低管理成本的要求。

《道路运输条例》分为总则、道路运输经营、道路运输相关业务、国际道路运输、执法监督、法律责任和附则7章，共83条。《道路运输条例》主要坚持了以下原则：

1 保障运输安全生产

《道路运输条例》从市场准入、经营行为规范、市场监管等多个环节把关，设定了严格、有效的法律制度。在市场准入方面，《道路运输条例》要求有与其经营业务相适应并经检测合格的车辆、有符合规定条件的驾驶人员、有健全的安全生产管理制度，对危险货物运输管理更体现了从严管理的原则，要求必须有检测合格的专用车辆和取得上岗资格证的从业人员等。在经营行为规范方面，《道路运输条例》对旅客、运输经营者、押运人员、驾驶人员、运输站（场）经营者等作出了严格的要求。在市场监管方面，《道路运输条例》明确了道路运输管理机构的职责，并对影响运输安全的违法行为设定了相应的行政处罚条款。

2 建立全国统一的道路运输市场

建立全国统一的道路运输市场，规范市场秩序，加强市场监管，维护公平竞争，打击扰乱市场秩序和经营欺诈等违法行为，是行政机关的重要职责。《道路运输条例》从建立诚实信用、公平竞争制度，鼓励发展乡村道路运输，打破地区封锁、地方保护，推动国内、国际市场一体化等方面提出了明确要求。由于近年来我国与周边国家间的国际道路运输发展势头增长迅猛，需求量也越来越大，《道路运输条例》专门列一章对国际道路运输进行了调整和规范，将国内运输市场和国际运输市场进行了有效衔接，实现了国内、国际运输市场和管理的一体化。

3 维护消费者权益

保护公民、法人和其他组织的合法权益，是公共行政和公共服务的一个重要使命，是依法行政所追求的最终目标。维护人民群众利益、以人为本是《道路运输条例》的立法重点。《道路运输条例》要求客运经营者应当为旅客提供良好的乘车环境，采取必要的措施，防止在运输过程发生侵害旅客人身、财产安全的违法行为；设定了旅客和行李赔偿限额制度，规定客运经营者、危险货物运输经营者应当为旅客或者危险货物投保承运人责任险，明确规定要实行机动车维修质量保证期制度。

4 约束和监管行政行为

道路运输管理机构依法作出的行政许可、行政处罚和行政强制措施都涉及人民群众的切身利益，如果使用不当，会直接损害人民群众的利益。为防止滥用权、乱执法，《道路运输条例》确定了公平、公正、公开和便民的管理原则，加大了对道路运输管理机构和工作人员的监管力度，要求县级以上人民政府交通运输主管部门加强道路运输管理，实施对道路运输管理工作的指导监督，上级道路运输管理机构应当对下级道路运输管理机构的执法活动实施监督，道路运输管理机构及其工作人员执行职务时，应当严格按照职责权限和程序进行监督检查，不得乱设卡、乱收费、乱罚款，并自觉接受社会和公民的监督。

二 对机动车维修经营的规定

1 机动车维修经营属于道路运输相关业务

在总则中，规定了《道路运输条例》的立法宗旨、适用范围、道路运输经营活动的含义、基本原则、道路运输管理机关等。其中第2条规定了《道路运输条例》的适用范围和道路运输经营活动的含义，即“从事道路运输经营以及道路运输相关业务的，应当遵守本条例”，以及“前款所称道路运输经营包括道路旅客运输经营（以下简称客运经营）和道路货物运输经营（以下简称货运经营）；道路运输相关业务包括站（场）经营、机动车维修经营、机动车驾驶员培训”。这一条明确了机动车维修经营属于道路运输相关业务，是《道路运输条例》规范的范围，从事机动车维修经营的行为（或活动）和人（包括公民、法人或其他组织）应当遵守《道路运输条例》。本条所谓“机动车维修经营”，是指经营以维持或恢复机动车技术状况和正常功能、延长机动车使用寿命为作业任务所进行的维护和修理。机动车维修分为机动车维护、机动车修理。机动车修理又分为机动车总成修理、机动车整车修理和机动车零部件修理。

总则中，还规定了“从事道路运输经营以及道路运输相关业务，应当依法经营，诚实信用，公平竞争”。

2 从事机动车维修经营应当具备的条件

《道路运输条例》第三章“道路运输相关业务”中第38条对从事机动车维修经营应当具备的条件进行了规定，申请从事机动车维修经营的，应当具备下列条件：

（1）有相应的机动车维修场地；

（2）有必要的设备、设施和技术人员；

（3）有健全的机动车维修管理制度；

（4）有必要的环境保护措施。

申请从事机动车维修经营的，应当具备《道路运输条例》规定的条件，《道路运输条例》规定的条件是必须具备的法定条件。第38条中的4项条件必须同时具备，缺一不可。

（1）有相应的机动车维修场地。本条中所指的有相应的机动车维修场地，是指不同的机动车维修企业应当具有不同的维修场地。这是根据机动车维修规模和经营范围来确定的。这里所指的机动车维修场地，包括生产厂房和停车场。

（2）有必要的设备、设施和技术人员。本条中所指的有必要的设备、设施和技术人员，也是根据机动车维修企业的规模和经营范围来确定的。不同类型的机动车维修企业应当具备必不可少的设备、设施和技术人员。

设备、设施包括清洗拆装作业设备、发动机总成维修作业设备、底盘和总成维修作业设备、电器修理作业设备、车身总成维修作业设备、通用设备、计量器具和主要手工工具等。不同类别的机动车维修企业所拥有的设施、设备要求不同。

技术人员包括技术管理人员、技术工人、质量检验人员等。必要的技术工人是指机动车维修企业必须聘请符合国务院交通运输主管部门规定的技术工人。技术工人必须取得相应的从业人员资格证件，方可上岗从事作业。

（3）有健全的机动车维修管理制度。其应包括质量管理制度、检验制度、技术档案制度、标准和计量管理制度、机具设备管理及维修制度等。

（4）有必要的环境保护措施。对机动车维修企业提出该项要求是为了保护环境，实现可持续发展。这里所指的环境保护措施是指可以积极防治废气、废水、废渣、粉尘、垃圾等有害物质和噪声的措施。

3 从事机动车维修经营业务的许可程序

《道路运输条例》第40条规范了道路运输相关业务许可程序，规定如下：

（1）维修经营业务申请。申请从事机动车维修经营业务的，应当向所在地县级道路运输管理机构提出申请。这里所说的“所在地”，是指机动车维修经营者的住所地或者主要业务经营地。“提出申请”，是申请人向道路运输管理机构提出从事机动车维修经营业务活动的意思表示。一般情况下，以提出书面申请为宜，一是保证提出申请的严肃性，便于道路运输管理机构审查和作出决定；二是防止因是否提出申请发生争议而无据可查。

（2）申请条件的材料。提出申请的同时，应当附送《道路运输条例》规定从事机动车维修经营应当具备的条件的相关材料。这些材料应当能够证明申请人符合《道路运输条例》规定的条件。如果申请两项以上业务的，应当同时报送相应材料。

（3）申请受理。县级道路运输管理机构应当自受理申请之日起15日内审查完毕，作出许可或者不予许可的决定，并书面通知申请人。

（4）办理营业登记。机动车维修经营者向工商行政管理机关办理有关登记手续，应当事先取得道路运输管理机构的许可证明，并必须持许可证明方可向工商行政管理机关办理有关登记手续。这里所说的“许可证明”，是指县级道路运输管理机构作出许可决定后向被许可人出具的正式文书。

4 规范机动车维修行为

《道路运输条例》第44条对规范机动车维修行为作出了规定：

（1）按照国家有关技术规范对机动车进行维修。《道路运输条例》中规定的技术规范包括国家或行业标准，主要有：《汽车维修质量检查评定标准整车大修》（GB/T 15746.1—1995 ）、《汽车维修质量检查评定标准发动机大修》（GB/T 15746.2—1995）、《汽车维修质量检查评定标准车身大修》（GB/T 15746.3—1995）和《汽车维护、检测、诊断技术规范》（GB/T 18344—2001）等。

（2）保证维修质量，不得使用假冒伪劣配件维修机动车。机动车维修经营者必须对所承担的机动车维修质量负责，没有达到规定要求的，必须对当事人予以赔偿。机动车维修经营者不得使用假冒伪劣配件维修机动车，如果使用假冒伪劣配件维修机动车，必然危害当事人的合法权益，造成交通安全的事故隐患，必须坚决予以打击。道路运输管理机构据此可以对其予以相应的处罚。

（3）公布机动车维修工时定额和收费标准，合理收取费用。机动车维修经营者应当公布机动车维修工时定额和收费标准，让消费者明明白白消费，了解维修真相；同时，必须按照公开的机动车维修工时定额和维修收费标准，计算作业工时和收取维修费用，不得随意加价，乱收费。

5 机动车维修须建立机动车维修检验制度和质量保证期制度

《道路运输条例》第45条对机动车维修须建立机动车维修检验制度和质量保证期制度作出了规定：

（1）机动车进行二级维护、总成修理或者整车修理的，必须进行维修质量检验。机动车进行二级维护、总成修理或者整车修理后的维修质量检验是法定的。维修质量检验的方式是多种多样的，各维修企业可自行建立符合维修质量检验要求的、满足二级维护、总成修理、整车修理检测功能的检验工序，作为机动车维修的一个环节，保证维修质量，方便机动车使用者。

（2）机动车维修实行质量保证期制度。质量保证是在一定的时间范围内即质量保证期内，因维修质量原因造成机动车无法正常使用的，机动车维修经营者应当无偿返修。

6 关于机动车维修的禁止性规定

《道路运输条例》第46条规定：

（1）不得承修已报废的机动车。根据国家有关规定，报废汽车应当回收。这里所指的报废车是指达到国家报废标准，或者虽未达到国家报废标准，但发动机或者底盘严重损坏，经检验不符合国家机动车运行安全技术条件或者国家机动车污染物排放标准的机动车。

（2）不得擅自改装机动车。改装机动车是指通过改变车辆技术性能，包括动力性能、经济性能，将原车改制成其他用途车辆的行为。擅自改装机动车会影响道路运输安全。本条所指的擅自改装机动车，是指未经批准，随意对机动车进行改装，不包括合法改装机动车。

7 法律责任

（1）关于非法从事机动车维修业务的法律责任。《道路运输条例》第66条规定，违反本条例的规定，未经许可擅自从事道路运输站（场）经营、机动车维修经营、机动车驾驶员培训的，由县级以上道路运输管理机构责令停止经营；有违法所得的，没收违法所得，处违法所得2倍以上10倍以下的罚款；没有违法所得或者违法所得不足1万元的，处2万元以上5万元以下的罚款；构成犯罪的，依法追究刑事责任。

（2）关于非法转让、出租道路运输许可证件的法律责任。《道路运输条例》第67条规定，违反本条例的规定，客运经营者、货运经营者、道路运输相关业务经营者非法转让、出租道路运输许可证件的，由县级以上道路运输管理机构责令停止违法行为，收缴有关证件，处2000元以上1万元以下的罚款；有违法所得的，没收违法所得。

（3）关于违法维修机动车的法律责任。《道路运输条例》第73条规定，违反本条例的规定，机动车维修经营者使用假冒伪劣配件维修机动车，承修已报废的机动车或者擅自改装机动车的，由县级以上道路运输管理机构责令改正；有违法所得的，没收违法所得，处违法所得2倍以上10倍以下的罚款；没有违法所得或者违法所得不足1万元的，处2万元以上5万元以下的罚款，没收假冒伪劣配件及报废车辆；情节严重的，由原许可机关吊销其经营许可；构成犯罪的，依法追究刑事责任。

（4）关于机动车维修经营者签发虚假的机动车维修合格证的法律责任。《道路运输条例》第74条规定，违反本条例的规定，机动车维修经营者签发虚假的机动车维修合格证，由县级以上道路运输管理机构责令改正；有违法所得的，没收违法所得，处违法所得2倍以上10倍以下的罚款；没有违法所得或者违法所得不足3000元的，处5000元以上2万元以下的罚款；情节严重的，由原许可机关吊销其经营许可；构成犯罪的，依法追究刑事责任。

第四节 《江苏省机动车维修管理条例》

《江苏省机动车维修管理条例》（以下简称《条例》）经2006年1月10日江苏省第十届人民代表大会常务委员会第二十次会议通过，2006年1月12日江苏省人民代表大会常务委员会公告第112号公布，自2006年4月1日起施行。《条例》是对《中华人民共和国道路运输条例》进行补充细化的地方性法规。

一 颁布的目的与意义

近年来，随着江苏省机动车辆数量的不断增加，机动车维修市场日趋繁荣。目前，一个跨行业、跨部门，多种经营形式并存，并以中心城市为依托，一类维修企业为骨干，二类维修企业为基础，三类维修企业为补充的门类齐全、网点布局较为合理的汽车维修、检测市场已基本形成。机动车维修行业作为汽车生产和销售的后续产业，对江苏省服务业发展的作用越来越大，对国民经济和人民生活的影响也越来越明显，如何更好地促进机动车维修业健康、规范、有序地发展，是目前和今后迫切需要解决的一个重要问题。

当前，江苏省机动车维修业发展中还存在着一些亟待解决的问题，如无证无照经营、使用假冒伪劣配件维修、乱收费、专业化程度不高、从业人员素质参差不齐、维修质量管理和质量监督体系不健全等。因此，有针对性地制定一部地方性法规来规范机动车维修行为，加强对机动车维修经营活动的管理，保障机动车维修质量，维护机动车维修经营者和有关当事人的合法权益，是十分必要的。为了规范机动车维修经营行为，维护机动车维修市场秩序，保障机动车维修质量和运行安全，保护机动车维修当事人的合法权益，促进机动车维修行业健康发展，根据《道路运输条例》及有关法律、行政法规，江苏省结合本省实际，制定了《条例》。

二 主要内容

《条例》分为总则、经营许可、经营行为、监督检查、法律责任和附则6章，共40条。

鉴于目前江苏省机动车维修业中存在的问题主要是经营者行为不规范，《条例》从保护承托修双方的合法权益出发，创设了维修记录制度、价格备案和公示制度、从业人员持证上岗制度、维修竣工质量检验制度、竣工出厂合格证制度、维修质量保证期制度、维修质量抽检制度、信誉管理制度、投诉举报制度、机动车维修合同制度、机动车维修费用结算清单制度等一系列重要制度。《条例》主要规定了以下事项：

1 规定了维修机动车实行维修记录制度

通过维修记录详细记载托修车辆诊断的故障、维护和修理方案、维修项目等内容，以形成托修车辆“病历”。机动车维修记录制度就是要求机动车维修经营者要将每次维修或养护机动车的日期、“症状”、诊断的数据、诊断的故障原因、修理情况等内容进行记录。《条例》要求机动车维修经营者对承修的机动车应当进行修前诊断，通过诊断确定故障，制订维护和修理方案，所诊断的故障、维护和修理方案、维修项目等内容，应当载入机动车维修记录。车辆维修出厂时，维修经营者不出具维修记录的，托修人有权拒绝支付维修费用。

维修记录既是机动车的“健康档案”，又是机动车的“病历”，既是体现维修企业科学修车水平和信誉状况的载体，更是承托修双方维权的重要依据。它主要有以下四个方面的作用：

一是可以让维修技术人员了解机动车的“病史”，使机动车的维修和养护更加科学；二是引导“修前诊断、确定故障，制订维护和修理方案后再维护与修理”的“科学修车”理念，避免“修修看”，故障越修越多的尴尬；三是避免信誉不好的维修经营者乱“诊断”、乱收费，把不该换的零件换掉，该修理的却没有修理好，免除“冤枉的花费”；四是作为维权的法定依据，更加有利于保护承托修双方的合法权益。

2 规定了机动车维修合同制度

《条例》规定机动车维修经营者与托修人应当在平等自愿、等价有偿的基础上依法订立机动车维修合同。合同具有自愿的属性，可以是口头形式，也可以是书面形式。对于一些维修质量要求高、标的数额大的维修项目，签订书面合同是必要的，能避免事后出现纠纷。当事人签订书面维修合同的，可以参照江苏省道路运输管理机构推荐的《江苏省机动车维修合同》示范文本。该示范文本按照《中华人民共和国合同法》的要求，从维修内容的约定（如车辆信息、维修项目、配件提供方式、收费标准、结算方式、维修期限、验收标准、验收方式、质量保证期的约定等）、承托修双方的权利义务，以及违约责任的约定等方面予以了规范。

签订维修合同是在车辆发生故障进厂后，修理厂根据故障现象和车主的描述，进行修前检测，根据检测数据和实际观察判断故障原因，确定维修项目，制订修理方案后签订的。维修经营者在维修过程中，确需增加维修项目、扩大维修范围的，应当事先征得托修人同意并依法订立维修补充合同。机动车维修经营者提供的格式合同中有免除自身责任、加重托修人责任、排除托修人权利条款的，该条款无效。

3 规定了机动车维修费用结算清单制度

机动车维修费用结算清单是维修经营者在结算时，如实出具每一个作业项目的工时和费用明细，以及所使用配件和材料的厂牌、规格、数量、价格，让托修人明明白白消费。《条例》规定，机动车维修竣工出厂时，机动车维修经营者不出具机动车维修费用结算清单的，托修人有权拒绝支付维修费用。

机动车维修费用结算清单制度是规范机动车维修经营者收费行为、提高机动车维修透明度、保护消费者知情权、实现明明白白消费的基础，是促进维修行业信息对称的重要环节。

4 规定了收取机动车维修费用的范围

针对机动车维修中存在的乱收费行为，《条例》明确维修费用由材料费、工时费、加工费、维修诊断、检测费、税金组成；同时规定机动车维修经营者应当向社会公示上述收费项目以及标准，不得虚报维修项目、维修工时、诊断检测费用以及材料费用，不得超过公示的收费标准收取费用，结算时上述费用要分项计算。

5 规定了维修零配件的使用

针对这个领域存在的突出问题，规定禁止使用无厂名厂址、伪造或者冒用他人厂名厂址、伪造产地、伪造或者冒用质量标志、以假充真、以次充好、以不合格品充合格品等配件维修机动车；使用旧配件或者修复配件的，应当达到规定的质量标准，并征得托修人书面同意。

6 规定了维修质量保证期制度

对汽车、摩托车和其他机动车的维修质量保证期分别作了详细规定；并规定在维修质量保证期内，因维修质量原因造成机动车无法正常使用或者故障、损坏的，维修经营者应当及时无偿返修，并承担相应法律责任。

7 规定了机动车进行二级维护、总成修理、整车修理的，应当建立竣工质量检验制度

维修机动车质量检验合格出厂时，要由质量检验人员签发机动车维修竣工出厂合格证，未签发合格证的机动车不得出厂；同时机动车维修经营者还应该向托修人出具机动车维修结算清单、维修记录和维修发票。

8 规定了机动车维修经营者应当建立维修档案制度

凡进行二级维护、总成修理、整车修理的，都应当建立维修档案，包括：维修合同、维修项目、维修人员和质量检验人员、检验单、竣工出厂合格证及结算清单等，档案的保存期限最低不得少于2年。

三 从事机动车维修经营活动的程序及需提交的材料

（1）从事机动车维修经营活动的程序：从事机动车维修经营活动应当办理行政许可，依法向所在地县级道路运输管理机构提出申请，并提交相应材料；在设区的城市市区范围内从事机动车维修经营活动的，应当向市道路运输管理机构提出申请，并提交相应材料。未经许可不得从事机动车维修经营活动。

（2）申请从事机动车维修经营活动，应当提供的申请材料：①申请书，②维修作业场所使用权的合法证明，③有关岗位人员的从业资格证书和名册，④维修设备、设施证明材料及有关计量、检测设备的检定、校准证明，⑤经营管理、安全生产、质量管理等制度文本，⑥环境保护措施文本及其相关设备、设施证明材料。

申请从事危险货物运输车辆维修的，还应当提交专用维修车间、设备、设施证明材料，安全管理人员名单，安全操作规程和突发事件应急预案文本。

（3）申请从事机动车维修连锁经营，应当提供的申请材料：①申请书，②连锁经营企业总部机动车维修经营许可证复印件，③连锁经营协议书副本，④符合机动车维修经营相应开业条件的承诺书。

（4）维修经营许可办理程序：①提交申请书，以及相应的资料。②道路运输管理机构对申请者提供的材料进行形式审查，符合条件的，予以受理。③道路运输管理机构应当自受理申请之日起15日内对申请者的场地、设备、人员和相应制度等审查完毕并作出许可决定。④准予许可的，应当自作出决定之日起10日内向申请人颁发、送达机动车维修经营许可证；不予许可的，应当在决定书中说明理由，并告知申请人享有依法申请行政复议或者提起行政诉讼的权利。

四 监督检查

该部分内容共6条，规定了道路运输管理机构应当切实履行对机动车维修经营监督检查的职责、道路运输管理机构的执法人员从事监督检查可以行使的职权、道路运输管理机构监督机动车维修质量的方式、道路运输管理机构应当对机动车维修经营者实行信用考核、公布经营者相关信息内容、道路运输管理机构加强机动车维修行政执法队伍建设的义务和道路运输管理机构实施机动车维修管理所需经费的保障途径。

五 法律责任

该部分内容共8条，规定了机动车维修经营者违反本规定所应承担的法律责任。增加了机动车维修经营者设立分支机构或者合并、分立未经许可的，维修作业场所、从业人员、设备设施不符合开业条件，未按照规定公示经营范围、收费项目和收费标准，未按照规定制作、出具机动车维修记录或者结算清单，关于几种重罚的违法行为和关于承担机动车维修质量检测的检测机构不按照规定检测的法律责任。

1 关于机动车维修经营者设立分支机构或者合并、分立未经许可的法律责任

第33条规定，违反本条例规定，机动车维修经营者设立分支机构或者合并、分立未经许可的，由县级以上道路运输管理机构责令限期改正，没收违法所得，并处以5000元以上1万元以下的罚款；逾期不改正的，可以并处暂扣机动车维修经营许可证3个月以下。

2 关于维修作业场所、人员条件、设备设施不符合开业条件的法律责任

第34条规定，违反本条例规定，机动车维修经营者的维修作业场所、从业人员、设备设施不符合开业条件的，由县级以上道路运输管理机构责令限期整改；逾期不改正的，处以2000元以上1万元以下的罚款，并可以吊销机动车维修经营许可证，同时书面告知工商行政管理机关。

3 关于未按照规定公示经营范围、收费项目和收费标准，未按照规定制作、出具机动车维修记录或者结算清单的法律责任

第36条规定，违反本条例规定，未按照规定公示经营范围、收费项目和收费标准，未按照规定制作、出具机动车维修记录或者结算清单的，由县级以上道路运输管理机构责令改正，给予警告；情节严重的，处以500元以上2000元以下的罚款。

4 关于几种重罚的违法行为的规定

第37条规定，违反本条例规定，机动车维修经营者有下列情形之一的，由县级以

上道路运输管理机构责令改正，处以1000元以上5000元以下的罚款；情节严重的，可以并处暂扣机动车维修经营许可证1个月以下：

（1）超越许可的经营范围从事机动车维修的；

（2）未经核准变更作业场所的；

（3）虚报机动车维修项目，维修工时，诊断、加工、检测费用以及材料费用的；

（4）未按照规定的技术标准进行维修的。

5 关于承担机动车维修质量检测的检测机构不按照规定检测的法律责任

第39条规定，违反本条例规定，承担机动车维修质量检测的检测机构不按照规定检测的，由县级以上道路运输管理机构责令改正，可以处以1000元以上5000元以下的罚款；情节严重、拒不改正的，可以并处吊销经营许可证。

第五节 《机动车维修管理规定》

《机动车维修管理规定》（交通部令2005年第7号）（以下简称《维修管理规定》）于2005年8月1日起正式实施。《维修管理规定》具体细化了《道路运输条例》及相关法律、法规的相关要求，规范了许可分类、许可条件、许可管理的层次和程序，设定了经营者应当遵循的管理制度和义务，完善了对经营者从业行为的要求，增强了管理部门实施行政许可、监督检查、行政处罚的可操作性，也为更科学、更规范地履行机动车维修管理职责搭建了服务平台。

一 颁布实施的意义

《维修管理规定》是《道路运输条例》的重要实施性规章之一。《维修管理规定》的颁布实施对维护机动车维修市场秩序，保护机动车维修各方当事人，特别是车主的合法权益，促进机动车维修业的健康发展等产生了积极而深远的影响。

1 是交通运输主管部门依法行政，履行维修管理职责的要求

依法行政要求交通运输主管部门必须严格依照法定的职权和程序履行职责，管理好、引导好机动车维修行业是交通运输主管部门义不容辞的责任。《道路运输条例》出台前，交通运输主管部门主要依据《汽车维修行业管理暂行办法》（交公路字〔1986〕956号）（以下简称《暂行办法》）对机动车维修实施管理。《暂行办法》是由交通部、国家经委、国家工商行政管理局于1986年12月12日联合发布的。它的发布实施对于发展和繁荣我国汽车维修市场起了很大作用。为促进我国市场经济体制的完善，满足汽车制造业与道路运输业快速发展的需要，《维修管理规定》从依法行政的角度出发，对《暂行办法》进行了修改和完善，特别是严格按照相关法律法规确定政府管理职责和程序，确保了行政行为的科学性和规范化。

2 是机动车维修行业发展的迫切需要

当前，我国机动车维修行业呈现良好发展态势，机动车维修市场主体多元化、经营多样化、维修专业化日趋明显。一是品牌经营、连锁经营、专业维修、网络服务、全天候维修服务等服务方兴未艾；二是机动车维修市场国有、集体、私营、外资等不同经济成分协调发展；三是快修、连锁服务等维修经营新形式发展迅猛，特别是汽车工业的集约化发展加快了机动车维修的专业化进程，事故车修理、品牌经营，以及汽车免拆清洗、美容等专一车型、专一维修项目和服务内容的专业维修发展迅速。同时，随着我国市场经济体制的逐步确立，汽车技术的不断进步，以及轿车进入家庭步伐的加快，机动车维修企业正处于一个从传统的“以车为本”的生产型企业向现代的“以人为本”的服务型企业转变过程中，对机动车维修服务提出了更新、更高的要求。

《维修管理规定》立足于解决行业发展与行业管理的热点、难点问题，对于行业发展方向、质量保证、纠纷调解等，有针对性地提出了解决措施，能动地适应了新形势下行业发展的需要。《维修管理规定》的实施是机动车维修行业法制化进程的重大突破，也是交通运输主管部门在机动车维修行业实现依法行政的具体体现。通过《维修管理规定》的实施，机动车维修行业服务社会的能力有了较大幅度的提升。

二 重要特色

《维修管理规定》的总体思路：一是全面贯彻《道路运输条例》，坚持依法行政；二是具体落实国家关于安全、环保、节能等方面的基本政策，坚持将设定的各项管理方式、方法、措施与安全、环保、节能结合起来；三是体现“以人为本”和“执政为民”理念，把树立科学发展观与构建和谐社会，特别是保护消费者权益体现在机动车维修经营管理的制度中；四是着力解决机动车维修业发展和管理中的热点和难点问题，制定有针对性的改进措施；五是努力实现管理方法和管理手段创新，实现行业跨越式发展。围绕这一总体思路，《维修管理规定》特别注重管理思路的创新、管理方式的改革和消费者（车主）权益的保护，突显出了以下重要特色。

1 引导行业发展方向，推进机动车维修服务体系建设

《维修管理规定》把“任何单位和个人不得封锁或者垄断机动车维修市场。鼓励机动车维修企业实行集约化、专业化、连锁经营，促进机动车维修业的合理分工和协

调发展。鼓励推广应用机动车维修环保、节能、不解体检测和故障诊断技术，推进行业信息化建设和救援、维修服务网络化建设，提高机动车维修行业整体素质，满足社会需要”写入总则，并将这一精神贯穿于整个《维修管理规定》的全文，体现了政府管理的重点，明确地指引了行业发展方向，是推进维修技术进步、完善服务功能的重要举措。

在坚持依法行政和执行安全、环保、节能等基本政策的前提下，最大限度地满足维修需求是行业发展的最终目标。《维修管理规定》在调整和规范市场经营与管理行为的同时，确立了行业发展方向，鼓励机动车维修企业实行集约化、专业化、连锁经营，促进机动车维修业的合理分工和协调发展，推进行业信息化建设和救援、维修服务网络化建设，逐步形成机动车维修既有“综合医院”，又有“专科医院”；既有流动“医疗队”，又有固定“诊所”的功能齐全、布局合理的服务体系，提高机动车维修行业整体素质，满足社会需要。

2 细化许可项目和内容，实行分类许可

为了增强机动车维修市场准入的科学性和针对性，确立专业化的引导方向，《维修管理规定》细化了行政许可项目和内容，依据维修车型种类、服务能力和经营项目实行分类许可。

在许可条件设置上，《维修管理规定》基本引用了国家标准《汽车维修业开业条件》和《摩托车维修业开业条件》规定的内容，并进一步强化了设施、设备等硬件要求与维修车型的针对性，更加注重了技术人员素质等软件建设。

3 引导专业化维修，鼓励连锁经营

按照国务院关于加快连锁经营发展的若干意见，在法律框架内，在行政许可程序和内容上，《维修管理规定》积极引导专业化维修，鼓励机动车维修服务连锁经营，多项条款对机动车维修连锁经营企业给予了政策倾斜。提出申请机动车维修连锁经营服务网点的，可由机动车维修连锁经营企业总部向连锁经营服务网点所在地县级道路运输管理机构提出申请，管理部门只对材料的完整性进行审查，不再进行实质性审查，不仅简化了审批程序，而且缩短了许可时限，为发展连锁经营营造了宽松环境。

4 建立质量保证期制度，保护消费者权益

《维修管理规定》把“以人为本”、“执政为民”理念，以及“三个代表”重要思想和科学发展观体现在机动车维修管理的具体政策中，把维护机动车维修市场正常秩序和保障消费者的合法权益放在首位。按照《道路运输条例》的要求，《维修管理规定》建立了维修质量保证期制度。明确了不同车型的维修质量保证期，强调了质量保证期内企业和车主的权利和义务，规范了管理部门对质量纠纷调解和责任认定的办法。维修质量保证期制度的根本出发点，一是保护车主利益，二是促进维修企业不断

提高维修质量，确保维修竣工出厂车辆安全、环保、节能各项性能指标达标，该制度将对机动车维修行业发展产生重大深远影响。

5 转变政府职能，改变监管方式

转变政府职能，建立法制政府、有限政府、服务政府和有效政府是当前政府改革的基本方向。《维修管理规定》除了严格在相关法律、法规的框架内对经营与管理行为予以规范外，特别注重对于检查与监督制度的改革，在管理思路、管理政策、监督手段等多方面提出了许多改革措施：一是积极推进企业诚信体系建设，对相关情况定期进行“公告”，以充分发挥市场配置资源的基础性作用；二是发挥企业、中介组织等各方的积极性，比如在标志牌制作上，确定了由企业按照统一式样和要求自行完成，在维修工时定额制定上，确定了可以由机动车维修行业协会等中介组织具体负责等；三是改变管理方式，由过去“重审批、轻监管”，向“审批、监管并重”直至“重监管、弱审批”方向转移，确立了质量信誉考核机制和动态监督机制；四是提高管理服务功能，积极推进政务信息化建设，强化管理上下级和内部监督，实现监管手段的多样化和监管内容、程序的规范化，提高监管的效率和质量。

三 主要内容

《维修管理规定》共分7章，即：总则、经营许可、维修经营、质量管理、监督检查、法律责任和附则，共57条。《维修管理规定》以维护市场秩序、保障维修需求为根本出发点，特别注重管理思路的创新、管理方式的改革以及对车主权益的保护，对机动车维修经营范围及经营者义务、监督检查、法律责任等都进行了重新调整和规范。主要内容如下：

1 总则

该部分内容共6条，主要包括《维修管理规定》的立法目的、立法依据、适用范围、基本管理思路和引导方向等内容的原则规定。

（1）立法目的。一是规范机动车维修经营活动，维护机动车维修市场秩序；二是保护机动车维修各方当事人的合法权益；三是保障机动车运行安全，保护环境，节约能源；四是促进机动车维修业的健康发展。

（2）适用范围。《维修管理规定》的适用范围，即所有从事机动车维修经营的，应当遵守《维修管理规定》。“从事机动车维修经营的”，既包含行为范围（行为或活动），又包含主体范围（公民、法人或其他组织，即个人和单位）。机动车维修经营，是指以维持或者恢复机动车技术状况和正常功能，延长机动车使用寿命为作业任务所进行的维护、修理以及维修救援等相关经营活动。

（3）机动车维修管理基本思路。机动车维修经营者的经营基本准则：机动车维修经营者应当依法经营，诚实信用，公平竞争，优质服务。机动车维修管理工作应当遵循的基本原则：公平、公正、公开和便民。

（4）行业发展方向。《维修管理规定》在调整和规范市场经营与管理行为的同时，确立了行业发展方向，鼓励机动车维修企业实行集约化、专业化、连锁经营，促进机动车维修业的合理分工和协调发展，推进行业信息化建设和救援、维修服务网络化建设，提高机动车维修行业整体素质，满足社会需要。

（5）机动车维修管理体制。交通运输部主管全国机动车维修管理工作、县级以上地方人民政府交通运输主管部门负责组织领导本行政区域的机动车维修管理工作，县级以上道路运输管理机构具体实施本行政区域内的机动车维修管理工作。

2 经营许可

该部分内容共14条，规定了机动车维修经营许可的分类、从事机动车维修经营业务的条件、许可申请程序、审批时限、许可证件有效期、许可事项变更等，是机动车维修经营许可必须坚持的最基本原则。

1 机动车维修经营许可分类

机动车维修经营业务根据维修车型、种类，分为汽车维修经营业务、危险货物运输车辆维修经营业务、摩托车维修经营业务和其他机动车维修经营业务四类。

汽车维修经营业务、其他机动车维修经营业务，根据经营项目和服务能力分为一类维修经营业务、二类维修经营业务和三类维修经营业务。

摩托车维修经营业务根据经营项目和服务能力分为一类维修经营业务和二类维修经营业务。

2 机动车维修经营者的业务范围

（1）获得一类汽车维修经营业务、一类其他机动车维修经营业务许可的，可以从事相应车型的整车修理、总成修理、整车维护、小修、维修救援、专项修理和维修竣工检验工作。

（2）获得二类汽车维修经营业务、二类其他机动车维修经营业务许可的，可以从事相应车型的整车修理、总成修理、整车维护、小修、维修救援和专项修理工作。

（3）获得三类汽车维修经营业务、三类其他机动车维修经营业务许可的，可以分别从事发动机、车身、电气系统、自动变速器维修及车身清洁维护、涂漆、轮胎动平衡和修补、四轮定位检测调整、供油系统维护和油品更换、喷油泵和喷油器维修、曲轴修磨、汽缸镗磨、散热器（水箱）维修、空调维修、车辆装潢（篷布、坐垫及内装饰）、车辆玻璃安装等专项工作。

（4）获得一类摩托车维修经营业务许可的，可以从事摩托车整车修理、总成修理、整车维护、小修、专项修理和竣工检验工作。

（5）获得二类摩托车维修经营业务许可的，可以从事摩托车维护、小修和专项修理工作。

3 从事机动车维修经营业务应当符合的条件

（1）有与其经营业务相适应的维修车辆停车场和生产厂房。租用的场地应当有书面的租赁合同，且租赁期限不得少于1年。停车场和生产厂房面积按照国家标准《汽车维修业开业条件》（GB/T 16739）相关条款的规定执行。

（2）有与其经营业务相适应的设备、设施。所配备的计量设备应当符合国家有关技术标准要求，并经法定检定机构检定合格。从事汽车维修经营业务的设备、设施的具体要求按照国家标准《汽车维修业开业条件》（GB/T 16739）相关条款的规定执行；从事其他机动车维修经营业务的设备、设施的具体要求，参照国家标准《汽车维修业开业条件》（GB/T 16739）执行，但所配备设施、设备应与其维修车型相适应。

（3）有必要的技术人员。具体规定如下：

①从事一类和二类维修业务的，应当各配备至少1名技术负责人员和质量检验人员。技术负责人员应当熟悉汽车或者其他机动车维修业务，并掌握汽车或者其他机动车维修及相关政策法规和技术规范；质量检验人员应当熟悉各类汽车或者其他机动车维修检测作业规范，掌握汽车或者其他机动车维修故障诊断和质量检验的相关技术，熟悉汽车或者其他机动车维修服务收费标准及相关政策法规和技术规范。技术负责人员和质量检验人员总数的60%应当经全国统一考试合格。

②从事一类和二类维修业务的，应当各配备至少1名从事机修、电器、钣金、涂漆的维修技术人员。从事机修、电器、钣金、涂漆的维修技术人员应当熟悉所从事工种的维修技术和操作规范，并了解汽车或者其他机动车维修及相关政策法规。机修、电器、钣金、涂漆维修技术人员总数的40%应当经全国统一考试合格。

③从事三类维修业务的，按照其经营项目分别配备相应的机修、电器、钣金、涂漆的维修技术人员；从事发动机维修、车身维修、电气系统维修、自动变速器维修的，还应当配备技术负责人员和质量检验人员。技术负责人员、质量检验人员及机修、电器、钣金、涂漆维修技术人员总数的40%应当经全国统一考试合格。

（4）有健全的维修管理制度。包括质量管理制度、安全生产管理制度、车辆维修档案管理制度、人员培训制度、设备管理制度及配件管理制度。具体要求按照国家标准《汽车维修业开业条件》（GB/T 16739）相关条款的规定执行。

（5）有必要的环境保护措施。具体要求按照国家标准《汽车维修业开业条件》

（GB/T 16739）相关条款的规定执行。

（6）从事危险货物运输车辆维修的汽车维修经营者，除具备汽车维修经营一类维修经营业务的开业条件外，还应当具备下列条件：

①有与其作业内容相适应的专用维修车间和设备、设施，并设置明显的指示性标志；

②有完善的突发事件应急预案，应急预案包括报告程序、应急指挥以及处置措施等内容；

③有相应的安全管理人员；

④有齐全的安全操作规程。

3 维修经营

该部分内容共9条，规定了机动车维修经营者的基本行为准则，以及在安全生产、环保要求、收费结算、行业统计、连锁经营等经营活动中的责任和义务。

1 机动车维修经营者的基本行为准则

（1）机动车维修经营者应当按照经批准的行政许可事项开展维修服务。

（2）机动车维修经营者不得擅自改装机动车，不得承修已报废的机动车，不得利用配件拼装机动车。

2 关于机动车维修经营收费的规定

（1）机动车维修经营收费基本原则。公布机动车维修工时定额和收费标准，合理收取费用，以切实维护机动车维修各方当事人的合法权益。

（2）执行工时定额的方法。机动车维修工时定额可按各省机动车维修协会等行业社团组织统一制定的标准执行，也可按机动车维修经营者报所在地道路运输管理机构备案后的标准执行，也可按机动车生产厂家公布的标准执行。当上述标准不一致时，优先使用机动车维修经营者备案的标准。

（3）实行工时单价报备制度。机动车维修经营者应当将其执行的机动车维修工时单价标准报所在地道路运输管理机构备案。

3 关于机动车维修经营统计工作的规定

（1）机动车维修经营者应当按照规定，向道路运输管理机构报送统计资料。

（2）道路运输管理机构应当为机动车维修经营者保守商业秘密。

4 质量管理

该部分内容共15条，围绕机动车维修质量工作设定了一系列法律制度，系统规范了机动车维修经营者在质量管理方面的法定义务，具体规定了机动车维修经营者从事维修作业适用的标准，使用维修配件的要求，维修技术人员的管理制度，维修竣工质量检验制度，维修质量保证期制度，维修质量信誉考核制度，维修质量纠纷的解决途径等。

1 关于机动车维修经营者维修作业适用标准的规定

机动车维修经营者应当按照国家、行业或者地方的维修标准和规范进行维修。尚无标准或规范的，可参照机动车生产企业提供的维修手册、使用说明书和有关技术资料进行维修。多年来，我国的机动车维修行业已建立健全了机动车维修与检测方面的标准体系，主要标准有：《汽车大修竣工出厂技术条件》（GB/T 3798—2005），《商用汽车发动机大修竣工技术条件》（GB/T3799—2005），《汽车维修术语》（GB/T 5624—2005），《汽车修理质量检查评定标准——整车大修》（GB/T 15746.1—1995）、《汽车维护、检测、诊断技术规范》（GB/T 18344—2001）和《营运车辆综合性能要求和检验方法》（GB 18565—2001）等。

2 关于机动车维修经营者在维修活动中规范使用配件的规定

（1）机动车维修经营者不得使用假冒伪劣配件维修机动车。

（2）机动车维修经营者应当建立采购配件登记制度，记录购买日期、供应商名称、地址、产品名称及规格型号等，并查验产品合格证等相关证明。

（3）机动车维修经营者对于换下的配件、总成，应当交托修方自行处理。

（4）机动车维修经营者应当将原厂配件、副厂配件和修复配件分别标识，明码标价，供用户选择。

3 关于机动车维修质量检验的规定

（1）机动车维修经营者对机动车进行二级维护、总成修理、整车修理的，应当实施维修前诊断检验、维修过程检验和竣工质量检验制度。

（2）承担机动车维修竣工质量检验的机动车维修企业或机动车综合性能检测机构，应当使用符合有关标准并在检定有效期内的检测、计量设备，按照有关标准进行检测，如实提供检测结果证明，并对检测结果承担法律责任。

4 关于机动车维修竣工出厂合格证的规定

机动车维修竣工质量检验合格的，维修质量检验人员应当签发《机动车维修竣工出厂合格证》；未签发《机动车维修竣工出厂合格证》的机动车，不得交付使用，车主可以拒绝交费或接车。《机动车维修竣工出厂合格证》由省级道路运输管理机构统一印制和编号，县级道路运输管理机构按照规定发放和管理。

禁止伪造、倒卖、转借《机动车维修竣工出厂合格证》。

5 关于机动车维修档案管理的规定

机动车维修经营者对机动车进行二级维护、总成修理、整车修理的，应当建立机动车维修档案。机动车维修档案主要内容包括：维修合同、维修项目、具体维修人员及质量检验人员、检验单、竣工出厂合格证（副本）及结算清单等。

6 建立机动车维修专业技术人员的考试和管理制度

道路运输管理机构应当加强对机动车维修专业技术人员的管理，严格执行专业技术人员从业资格考试和管理制度。

7 建立机动车维修竣工出厂质量保证期制度

（1）汽车和危险货物运输车辆整车修理或总成修理质量保证期为车辆行驶20000km或者100日，二级维护质量保证期为车辆行驶5000km或者30日，一级维护、小修及专项修理质量保证期为车辆行驶2000km或者10日。

摩托车整车修理或者总成修理质量保证期为摩托车行驶7000km或者80日，维护、小修及专项修理质量保证期为摩托车行驶800km或者10日。

其他机动车整车修理或者总成修理质量保证期为机动车行驶6000km或者60日，维护、小修及专项修理质量保证期为机动车行驶700km或者7日。

质量保证期中行驶里程和日期指标，以先达到者为准。

机动车维修质量保证期，从维修竣工出厂之日起计算。

（2）在质量保证期和承诺的质量保证期内，因维修质量原因造成机动车无法正常使用，且承修方在3日内不能或者无法提供因非维修原因而造成机动车无法使用的相关证据的，机动车维修经营者应当及时无偿返修，不得故意拖延或者无理拒绝。

在质量保证期内，机动车因同一故障或维修项目经两次修理仍不能正常使用的，机动车维修经营者应当负责联系其他机动车维修经营者，并承担相应修理费用。

（3）机动车维修经营者应当公示承诺的机动车维修质量保证期。

8 关于机动车维修质量投诉及调解的规定

（1）道路运输管理机构应当受理机动车维修质量投诉，积极按照维修合同约定和相关规定，调解维修质量纠纷。

（2）机动车维修质量纠纷双方当事人均有保护当事车辆原始状态的义务。必要时可拆检车辆有关部位，但双方当事人应同时在场，共同认可拆检情况。

（3）对机动车维修质量的责任认定需要进行技术分析和鉴定，且承修方和托修方共同要求道路运输管理机构出面协调的，道路运输管理机构应当组织专家组或委托具有法定检测资格的检测机构作出技术分析和鉴定。鉴定费用由责任方承担。

9 建立机动车维修经营者质量信誉考核制度

（1）机动车维修质量信誉考核内容应当包括经营者基本情况、经营业绩（含奖励情况）、不良记录等。

（2）道路运输管理机构应当建立机动车维修企业诚信档案。机动车维修质量信誉考核结果是机动车维修诚信档案的重要组成部分。

（3）道路运输管理机构建立的机动车维修企业诚信信息，除涉及国家秘密、商业秘密外，应当依法公开，供公众查阅。

5 监督检查

该部分内容共4条，规定了道路运输管理机构应当切实履行对机动车维修经营监督检查的职责、道路运输管理机构的执法人员从事监督检查的基本要求、道路运输管理机构要加强机动车维修管理信息化建设的要求、道路运输管理机构实施监督检查和调查取证的措施以及机动车维修经营者应当配合服从道路运输管理监督检查的义务。

6 法律责任

该部分内容共6条，规定了机动车维修经营者、道路运输管理人员违反本规定所应承担的法律责任。增强了实施《道路运输条例》有关机动车维修经营、管理法律责任内容的可操作性，通过开展道路运输管理的执法工作，依法制裁违反《道路运输条例》和《维修管理规定》的违法行为，保证《道路运输条例》和《维修管理规定》的全面实施，以实现《维修管理规定》的立法目的。

7 附则

该部分内容共3条，作为辅助性内容，分别是：外商在我国境内从事机动车维修经营的，还应同时遵守的法律法规；机动车维修经营许可证件等工本费收费标准；《维修管理规定》的实施日期与废止《汽车维修行业管理暂行办法》和《汽车维修质量管理办法》的规定。

第三章 维修行业从业相关规范、标准

本章重点介绍《机动车维修服务规范》（JT/T 816—2011）、江苏省《机动车维修服务质量规范》（DB32/T 1227—2008）、《江苏省机动车维修服务价格行为规则（试行）》（苏价服〔2004〕481号）、《江苏省机动车维修结算工时定额及收费指南》、江苏省《机动车维修业开业条件》（DB32/T 1692—2010）、《汽车维修业开业条件》（GB/T 16739—2004）、《汽车维护、检测、诊断技术规范》（GB/T 18344—2001）、《汽车大修竣工出厂技术条件》、《商用汽车发动机大修竣工出厂技术条件》等与机动车维修业务相关的规范及标准。

第一节 《机动车维修服务规范》

交通运输行业标准《机动车维修服务规范》（JT/T 816—2011）（以下简称《规范》）经审查通过，自2012年1月10日起实施。

一 制定《规范》的目的、意义

当前，我国正在进入汽车社会。伴随着汽车快速进入家庭，机动车维修与社会生产、人民生活的关系更加密切。《规范》的发布实施，适应了国家加快发展服务业的总体要求，丰富和完善了机动车维修行业的服务标准体系，为加快解决行业发展中存在的服务不规范、经营不诚信等突出问题提供了基础支撑。《规范》对机动车维修服务流程、节点管理等方面提出了明确要求。《规范》的颁布实施，有利于提升行业服务意识、改善服务环境、规范服务行为、提高机动车维修服务能力；有利于维护客户合法权益，推动机动车维修企业转型升级，引导机动车维修企业实行集约化、专业化、连锁经营，促进机动车维修业健康发展。

1 提高“三个服务”的能力和水平，加速实现机动车维修服务规范化

近年来，交通运输部在全国范围内开展了新时期道路运输发展大调研活动，达到了找准问题症结、理清工作思路、提出政策建议、谋划长远发展的目的。把握调研成果转化和应用的有利契机，加快行业服务标准建设步伐，建立机动车维修服务规范，可以提高机动车维修行业服务经济社会发展全局、服务新农村建设、服务群众安全便捷出行的能力和水平，构建客户满意、政府放心的行业。

2 打造机动车维修服务自主品牌，促进行业结构调整和发展方式转变

新时期、新形势要求企业树立现代服务业发展理念，创新维修经营模式，大力发展维修品牌，建立有特色的品牌形象，快速占领市场。规范服务可以为企业品牌建设奠定坚实基础，为促进行业结构调整，拓展维修服务空间，推动品牌连锁经营，实现企业科学发展创造必要条件。

3 发展绿色维修，创建资源节约型和环境友好型行业

节约资源，保护环境是时代要求。发展绿色维修，推进机动车维修节能减排，是机动车维修行业的新课题。通过规范的实施，引导企业采用先进的设备和工艺，节约能源，降低企业生产成本，显著提高生产效率和维修质量；使用废水与废液回收设备、空气净化装备和减噪技术等，保障员工身体健康，促进资源循环使用，减少对环境的污染；妥善处置维修产生的废弃物，有效防止因汽车维修废弃物处置不当对环境的污染和对生态的破坏，促进维修行业加强资源的集约使用；树立科学修车理念，适应“低碳经济”的要求，走“循环经济”发展之路，创建资源节约型和环境友好型行业。

二 《规范》的重点、要点和亮点

《规范》重点从客户接待、车辆进厂交接、签订合同到维修作业、检验、费用结算、返修和抱怨处理、跟踪回访各个环节，规范了经营者的维修服务行为，并且围绕服务质量管理提出了保证措施和服务质量控制方法。

《规范》的要点是规范机动车维修经营者的服务行为，维护客户的合法权益。

《规范》的亮点在于机动车维修客户的权益保护，强有力地维护了客户的知悉知情权、自主选择权、公平交易权、监督批评权，主要包括：给出了配件的定义；简化了汽车维修合同条款；确定了经营者基本服务流程；细化了经营者信息公开主要内容，营造了公平透明的机动车维修消费环境；强调了以人为本，让机动车维修服务更加惠民；突出了人性化服务，彰显了对客户权益的保护。

三 《规范》的重点条款

1 机动车维修服务的总体要求

（1）规定了经营者的资质条件：要求经营者应按照《汽车维修业开业条件》（GB/T 16739—2004）的规定，根据维修车型种类、服务能力和经营项目，具备相应的人员、组织管理、安全生产、环境保护、设施、设备等条件，取得机动车维修经营许可等相关证件。

（2）规定了机动车维修经营者的基本准则：要求经营者应依法经营、诚实守信、公平竞争、优质服务，在经营场所的醒目位置悬挂全国统一式样的机动车维修标志牌。

（3）对于机动车维修服务收费的管理要求：经营者应将主要维修项目收费价格、维修工时定额、工时单价报所在地道路运输管理机构备案。发生变动时，应在变动实施前重新报备。

（4）对经营者信息公开进行规定：要求经营者应在业务接待室等场所醒目位置公示以下信息：

①机动车维修经营许可证、工商营业执照、税务登记证明；

②业务受理程序；

③服务质量承诺；

④客户投诉受理程序和受理电话（邮箱）；

⑤所在地道路运输管理机构监督投诉电话；

⑥经过备案的主要维修项目收费价格、维修工时定额、工时单价，以及常用配件现行价格；

⑦维修质量保证期；

⑧企业负责人、技术负责人及业务接待员、质量检验员、维修工（机修、电器、钣金、涂漆）、价格结算员的照片、工号以及从业资格信息等；

⑨提供汽车紧急维修救援服务的，应公示服务时间、电话、收费标准。

（5）对汽车整车维修企业建立维修服务信息化管理的规定：汽车整车维修企业应建立维修服务信息化管理系统，对客户信息、维修流程、配件采购与使用、费用结算等进行管理。

（6）关于维修配件信息公开的规定：要求经营者对原厂配件、副厂配件和修复配件明码标价，并提供常用配件的产地、生产厂家、质量保证期、联系电话等相关信息资料，供客户查询。有条件的经营者可配备计算机、触摸屏等自助电子信息查询设备。

2 维修服务流程

维修服务流程包括客户维修接待、进厂检验、签订合同、维修作业过程检验、竣工检验、结算交车、跟踪服务等。

3 服务质量管理

服务质量管理包括人员管理、设施设备管理、配件管理、安全管理、环保管理、现场管理和资料档案管理等。

4 服务质量控制

服务质量控制包括建立质量管理体系和客户满意度调查等。

第二节 江苏省《机动车维修服务质量规范》

江苏省地方标准《机动车维修服务质量规范》（DB32/T 1227—2008）（以下简称《规范》）由江苏省质量技术监督局于2008年7月1日发布，自2008年9月1日起实施。

一 制定《规范》的目的、意义

制定《规范》是江苏省进一步贯彻《机动车维修管理规定》和《江苏省机动车维修管理条例》等法律法规的重要环节之一；是深化机动车维修信誉管理、深入开展"放心消费"创建活动、打造"江苏快修"服务品牌、引导机动车维修标准化、规范化服务的重要举措。《规范》的实施有助于强化行业服务意识、转变服务理念、改善服务设施、规范服务行为、提高服务质量、创建服务品牌、提升公共服务能力，促进江苏省机动车维修行业又好又快发展。

二 《规范》的创新点

1 《规范》将法规要求维修企业执行的各项制度贯穿于整个维修服务流程中

本规范立足于引导机动车维修企业从注重硬件设施的投入向注重服务质量流程管理等软件建设转变，引导企业提升服务意识、创新服务方式，严格质量控制，实施预约维修、客户回访、服务提醒、触摸查询等方式，不断提高服务水平和服务质量。《规范》将《机动车维修管理规定》、《江苏省机动车维修管理条例》等设定的许可证和标志牌悬挂、收费备案和公示、配件采购登记、从业人员持证上岗、维修合同、维修记录、维修竣工质量检验、竣工出厂合格证、结算清单、配件管理、质量保证期、异议处理、纠纷调解等一系列重要制度贯穿于整个维修服务流程中，进一步明确了实施要求和方法，有利于企业对各项制度的有效实施。

2 明确了维修企业信息公示的内容和要求

信息透明是维修企业和客户信息对称的前提和基础，是实施信誉管理、实现“放心消费”必须首先解决的关键问题。为进一步规范维修企业的经营行为，推进维修行业各项管理制度的实施，营造透明的机动车维修消费环境，保障维修各方当事人的合法权益，本规范要求维修企业建立信息公示制度，根据法规要求对维修企业在经营场所的醒目位置应当公示的内容进行统一和明确：

（1）机动车维修服务经营许可证和全国统一的机动车维修标志牌；

（2）业务受理程序；

（3）服务质量承诺；

（4）客户投诉受理制度；

（5）企业和行业管理部门监督投诉电话；

（6）维修工时定额标准、收费项目、收费标准及费用计算方法；

（7）质量保证期；

（8）企业负责人、技术负责人及业务接待、质量检验、维修（机修、电器、钣金、油漆）、价格结算人员的照片及工号。

（9）机动车维修记录、结算清单和维修合同等使用说明。

（10）提供车辆维修救援服务的，应公示服务时间、电话及收费情况。

《规范》要求维修企业提供与自身能力相适应的多样化服务，保证服务质量，建立机动车维修服务信息化管理系统，鼓励使用触摸屏查询系统等形式进行明码标价。

3 优化了机动车维修服务流程

服务流程即为客户服务的程序或步骤。有了良好的、科学的服务流程，不仅可以使企业员工在服务过程中有章可循，更可以使企业的客户服务水平保持在一个大致统一的水平之上。因此，服务流程建设既是很多企业的当务之急，也是确保基础服务水平不降低的制度保障。《规范》按照进厂维修到竣工出厂的服务流程，参考各汽车品牌售后服务流程的设计，根据法律法规的规定，对原有的机动车维修服务流程进行了优化，将维修服务分为预约、维修接待、进厂检验、估价填单、合同签订、维修派工、维修作业及过程检验、竣工检验、建立档案、车辆交接、车辆返修、异议处理、服务追踪等13个基本节点和维修服务质量控制点，分别提出了具体要求，有利于提高维修效率，保证维修服务质量。

4 进一步细化了二级维护的定义

乘用车的定程维护项目在各机动车生产厂家的使用说明书中都有明确规定，目前各机动车生产厂家规定的维护间隔里程一般为5000km或7500km，维护项目与《汽车维修、检测、诊断技术规范》中规定的一级维护项目基本相同，一般间隔2～3次一级维护做一次二级维护。为便于二级维护竣工和维修档案等制度的实施，本规范对二级维护的定义作了进一步明确：在进行清洁、补给、安全检视、润滑、紧固的基础上，以检查、调整制动系、转向系、悬架等安全部件，并拆检轮胎，进行轮胎换位，检查调整发动机工作状况和机动车排放相关系统等为主的维护作业，根据机动车生产厂家规定的定程维护项目，二级维护也指执行机动车生产厂家规定的间隔里程为20000km或首次维护里程3倍的定程维护作业。

5 倡导企业实行预约服务

预约维修有利于企业优秀维修资源作用的发挥，减少车主的等待时间，也有利于均化维修企业日维修量，解决高峰期现象，提高客户满意度和忠诚度。目前预约服务已被维修企业和广大车主所采用，然而预约的内容因维修企业的管理水平及车主对车辆维修知识掌握的程度有较大差异。为充分发挥信誉企业、优秀技师、先进维修设备等优秀维修资源的作用，进一步挖掘现有维修企业的潜力，减少重复投资，进一步激活市场优胜劣汰的机制，提高维修企业服务效率并提升客户满意度，规范要求维修企业建立预约维修服务程序，提供预约服务，通过经营者主动预约和客户主动预约两种方式实施预约。规范明确了预约的内容、预约的准备，同时要求经营者应提前一小时主动与客户进行预约确认。

实行预约维修对承托修双方来说均是十分有利的。对客户来讲，实行预约维修则不用等待，即到即修，时间上有保障，同时由于客户在预约时和维修企业有了充分交流，去维修时会带足必要资料，从而有效避免走回头路。对维修企业来讲，实行预约服务首先可以对人力资源（服务顾问、修理工等）进行合理调配，保证接待时间和接待质量；其次可以对物力资源进行合理调配（举升架、工具、备件、专用设备等），保证维修质量；再次可以对疑难问题提前制订合理的维修方案；最后是有利于平衡维修工作量，削峰填谷，提高车间利用率。

6 明确了机动车维修“三检制度”

机动车维修质量是修车客户最关心的问题。修车质量好，客户就满意。本规范要求维修企业严格实行进厂检验、过程检验及竣工检验等“三检制度”，有利于保证修车的质量，维护车主的合法权益，有利于促进企业继续在市场竞争中保持优势。

7 明确了“服务质量保证”的具体要求

为了保证优质的维修服务质量，本规范提出了从服务流程和服务节点控制机动车维修服务质量，同时还对维修企业从质量管理、人员管理、设施管理、设备管理、配件管理、现场管理、文件和资料管理、安全生产、环境保护、检查和改进等10个方面对服务质量保证提出了更高的要求，确保维修服务流程的有效实施。

8 实施机动车维修记录等“三项制度”的可操作性更强

按照《江苏省机动车维修管理条例》的要求，江苏省自2007年1月1日起在全省范围内开始实施机动车维修记录、机动车维修合同、机动车维修费用结算清单等“三项制度”，取得了明显成效，受到了社会、车主和维修企业的一致好评。通过实施“三项制度”，维修过程更加透明，维修信息更加对称，承托修双方的合法权益更加有保障，全社会对行业的信任度不断上升。为更好地贯彻这些制度，保护承托修双方的合法权益，《规范》将“三项制度”的实施贯穿于整个维修服务流程，进一步细化了具体要求。

（1）维修记录制度。机动车维修记录制度依照《江苏省机动车维修管理条例》确立的法定制度，要求机动车维修《企业》对承修的机动车应当进行修前诊断、确定故障，制订维护和修理方案，并将所诊断的故障、维护和修理方案、维修项目等内容填写机动车维修记录。《规范》要求企业在维修接待和进厂检验时准确填写机动车维修记录，对检验合格的车辆，企业技术负责人应将维修项目、主要材料、车辆竣工质量检验情况、出厂注意事项、质量保证期等内容如实填写在《机动车维修记录》中。

（2）维修合同制度。《江苏省机动车维修管理条例》明确要求机动车维修经营者与托修人应当在平等自愿、等价有偿的基础上依法订立机动车维修合同。根据《合同法》的要求，制定了江苏省机动车维修合同示范文本。本规范进一步明确了维修合同应当具备的各项要件，即承、托修双方的名称，签订日期及地点，合同编号，托修车辆的车牌号码、品牌型号、车架号、VIN码、发动机号码、行驶里程、注册登记日期等基本信息，维修项目，配件提供方式及选用配件的类型，收费标准及预计维修费用，维修期限，质量保证期，托修日期、地点、方式，交车日期、地点、方式，验收标准和方式，结算方式及期限，违约责任和金额，双方权利和义务，解决合同争议的方式以及双方约定的其他条款。要求维修经营者在维修过程中有超出合同范围，确需增加维修项目、扩大维修范围的，应及时与客户沟通，征得客户同意后，按规定订立维修补充合同。要求维修企业应有专（兼）职人员负责合同管理，对已签订的书面合同建立登记台账并妥善保管。

（3）结算清单制度。根据《江苏省机动车维修管理条例》规定，机动车维修费用由材料费、工时费、加工费、维修诊断费和检测费等组成，结算时应当分项计算。机动车维修经营者收取维修费用，不得超过公示的收费项目和收费标准，不得虚报维修项目，维修工时，诊断、加工、检测费用以及材料费用。《机动车维修管理规定》也明确了维修结算清单格式和内容由省级道路运输管理机构制定。规范要求维修经营者应严格按照公示的维修工时定额、配件价格和收费标准核定维修费用。价格结算应统计准确，每项收费有凭有据，使用江苏省统一格式的机动车维修费用结算清单，对维修作业的维修诊断费、检测费、材料费、工时费、加工费及其他费用分项计算。同时要求企业在结算清单中注明原厂配件、副厂配件、旧配件或修复配件，保证托修人的权益。

9 对维修企业的配件管理提出了明确要求

配件质量是机动车维修质量的前提和保证，一直是维修行业管理的难点，为进一步强化配件管理、透明配件信息，本规范明确了对配件管理的一系列要求：一是维修经营者建立配件管理档案，登记配件名称、规格型号、购买日期及供应商信息，保持配件验收、使用、更换及报废的记录；二是实施配件验收（检验），并做好配件验收的记录，配件验收时应查验产品合格证等相关证明；三是执行配件质保期制度，原厂配件按制造厂“三包”索赔期规定执行配件质保，副厂配件按制造厂规定执行配件质保，经营者单方承诺或者与客户协商约定的原厂配件和副厂配件的质保期限不得低于上述配件质量保证期限，修复配件和旧配件按照经营者单方承诺或与客户协商约定配件质保期限执行，配件质保期限不得低于法规规定的最低质量保证期限；四是制定旧配件管理制度，保持旧配件的更换、使用、报废处理的记录，统一保管更换下的旧配件，维修人员不得私自保存，车辆竣工出厂后，旧配件应归还客户，客户确认不需要时，按旧配件管理制度执行；五是对客户自带配件，经营者应做好登记，查验配件合格证明，提出使用意见，客户确认签字，无合格证明或者有表面瑕疵的，不得使用，使用客户自带配件的，经营者应将客户签字的配件合格证明和使用意见妥善保管，保存期限不得低于该配件质保期和维修质保期。

三 《规范》的主要内容

《规范》根据《中华人民共和国标准化法》、《中华人民共和国道路运输条例》、《江苏省机动车维修管理条例》、《机动车维修管理规定》的规定，结合江苏省实际，从维修服务的节点和质量保证入手，规定了机动车维修服务质量的原则要求、维修服务流程及服务质量保证等方面的内容，主要从预约、维修接待、进厂检验、估价填单、合同签订、维修派工、维修作业及过程检验、竣工检验、建立档案、车辆交接、车辆返修、异议处理、服务追踪等13个服务节点对维修企业服务流程进行了细化，从质量管理、人员管理、设施管理、设备管理、配件管理、现场管理、文件和资料管理、安全生产、环境保护、检查和改进等10个方面对服务质量保证提出了要求。

机动车维修服务流程如图3-1所示。

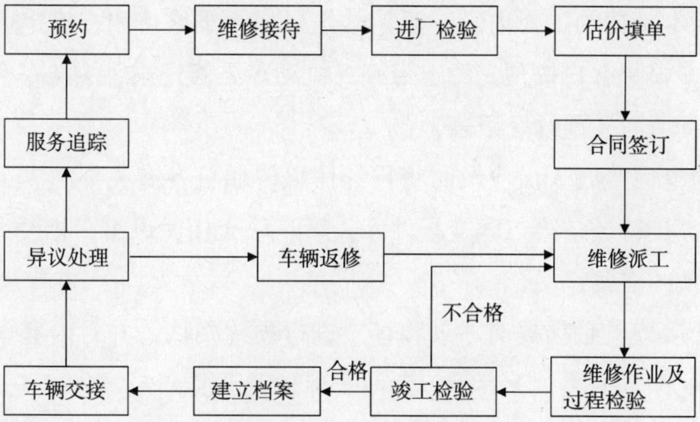

图3-1　机动车维修服务流程

1 预约

预约是现代服务业经营的重要手段之一。由于现代社会中时间的稀缺性，无论是维修企业还是客户，均希望车辆故障能够在短时间内排除，但由于相互之间的信息不对称性，企业的优质设备、设施、人力资源往往不能得到充分利用，加之客户主观上渴望获得优质服务资源，使提供预约服务成为企业和客户均高度关注的方式。利用预约可以最大程度地发挥企业的资源潜力，节约客户、企业共同宝贵的时间。预约的方式除电话预约外，还应有网络、电台、电视、报纸媒体等方式，但目前最直接有效的方式是电话预约。

企业主动预约可分为两类方式：一是企业利用报纸、电视、电台、网络等媒体方式，将体现优质资源的服务在一个时间段内集中向市场投放，通过这种多点、分散性的预约，完成维修资源的有效配置，优点在于可以高效率发挥企业的优质维修资源，使某一时间段企业的效益最大化；二是企业通过电话、E-mail，点对点完成对客户的预约，优点在于可以通过客户档案、提醒服务系统中的详细资料，完成具有针对性的维修设备、场地设施、配件、人员准备工作。

客户主动预约是客户由于车辆出现潜在维修需求或故障没有显性化，需要在将来的某个时间进行维修作业，虽不具有故障解决的紧迫性，但对完成维修作业的时间期限有所期待的提前预约。倡导客户主动预约的经营方式，企业能提前制订维修方案，节约故障诊断时间，在被动过程中体现出优质服务。

预约流程如下：

（1）预约前必须做好预约的准备工作，业务接待员应通过电脑系统查询客户维修历史档案，了解或确认下列信息：姓名、车牌号、行驶里程、联系电话、历史维修记录等，以及下次维护的行驶里程和时间，有无提醒换件记录等；

（2）接打电话时应礼貌热情，严格按照标准术语与客户进行沟通；

（3）确定本次预约工作内容，预估维修时间、维修费用、确定接车（到达）时间，交车时间、提醒客户按预先约定带好《机动车维修记录》、《车辆保修手册》等相关资料，认真填写《预约登记表》；

（4）预约电话接线人员应及时将预约信息传递至各有关部门、工种，预约登记表第一联交业务接待员，第二联交配件库，第三联交相关班组，相关人员接到预约登记表后即进行预约准备；

（5）业务接待员必须提前一天和客户进行预约确认，并对内部预约准备工作进行检查，包括配件、工位、工具等，合理安排修理班组；

（6）在预约时间前一小时再次与客户确认，告知客户我们已经做好为他服务的准备，填写预约欢迎看板；

（7）如已和预约客户预定提供代步车或接送车服务，则须检查代步车的准备情况。

某机动车维修企业的预约登记表、预约排班表见表3-1、表3-2，其看板样式如图3-2所示。

预约登记表 表3-1

时间	车牌号	车型	电话	预约内容	预约成功统计	考核

预约排班表 表3-2

	日期：________年____月____日							
	服务顾问甲				服务顾问乙			
	技工1	技工2	技工3	技工4	技工5	技工6	技工7	技工8
9:00								
9:30								
10:00								

欢迎以下客户预约维修

客户车辆	预约时间	内容	服务顾问
苏××××××	9：00	维护	×××
苏××××××	9：50	维护	×××
苏××××××	13：30	油漆	×××

图3–2 看板样式

2 维修接待

维修接待流程如下：

（1）客户车辆进厂接待、登记。

①业务接待员或检验员应主动热情而有礼貌地上前招呼客户，欢迎其光临。

②引导车辆至待修处停放。

③征询并听取客户提出的各项要求。

④调看客户档案、维修记录，全面了解情况。

⑤填写《车辆维修委托单》并输入计算机。

（2）现场验车。

①业务接待员陪同客户进行车身及车内的环检，清点车上配备的装饰物，并在环检单上注明后，交客户签字，同时套上车辆防护四件套。

②业务接待员配合检验员与客户一同对承修车进行修前检验，准确判断故障，确定附加作业项目。

③确定维修项目后，业务接待员对维修项目工时和配件进行估价，出具估价单。

④填写维修记录本，凡修理费用在2000元以上及高档车5000元以上的均应填写维修合同，并交客户签字认可。合同统一使用《江苏省机动车维修合同》示范文本。

⑤将作业项目准确输入计算机，向班组发布派工指令。

⑥清洗车辆后，送入修理场地。

（3）招呼客户等待、休息。

①引导客户到休息室。

②向客户提供茶水、报刊杂志等服务。

③向客户提供彩电、音响等娱乐休息设施。

④向客户提供技术咨询服务及其他相关服务。

某机动车维修企业的车辆维修委托单如图3–3所示。

车辆维修委托单

车牌号________ 汽车型号__________ VIN码______________ 事　故__________ 行驶里程__________

托修单位______________ 托 修 人______________ 电　话______________

送修日期______________ 竣工日期______________ 维修记录本：有 □　无 □

环检：

交修车前车辆状况：

□备　胎　□轮芯盖
□千斤顶　□三角牌
□吊　饰　□灭火器
□眼　镜　□点烟器
□香　烟　□烟灰缸
□脚垫___张　□随车工具
□CD碟___张

功能确认：（工作正常√　不正常×）

□音响系统　□门锁（防盗器）
□全车灯光　□后视镜
□天　窗　□座　椅
□玻璃升降器　□玻　璃
□其他

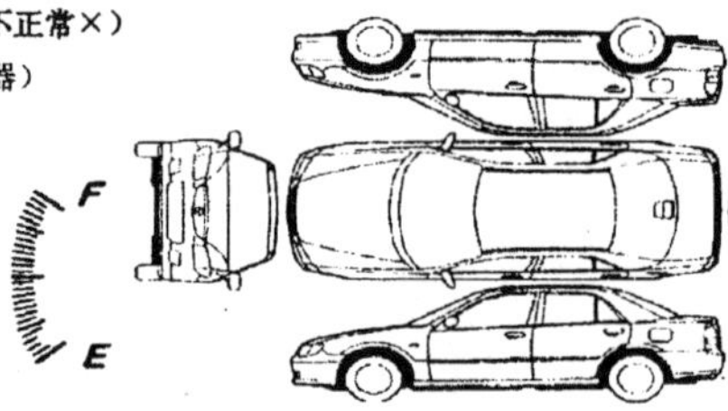

特别声明：1．在将车辆交给我厂检查修理前，已提示将贵重物品自行收起并保存好，如有遗失恕不负责；2．交修车辆如需路试，发生交通意外或事故，由双方协商解决，赔付按交警、保险公司等相关执法部门认定，本公司不承担任何附加责任。

客户描述：

检测诊断，确认维修项目：

工费估算：

注：附加作业项目及费用经客户确认　　客户确认：

派工明细	工种	班组	开始—竣工	实际竣工时间	检验后签字	
	机工		—			
	电工		—			
	钣金		—			
	油漆		—			
	装潢		—			**总检：**______________

您对本次维修的评价：满意□ 一般□ 不满意□ 维修项目完成：故障排除、旧件确认、车辆完好。

接车员：______________________　　客户确认：______________________

图3—3　车辆维修委托单

③ 进厂检验

机动车维修质量检验是机动车维修工作的重要环节，是保证机动车维修质量的关键措施。维修质量检验分为进厂检验、过程检验、竣工检验。进厂检验是准确确定故障、分析故障，进而排除故障的前提，维修人员在实践中可利用维修业务登记表单，按照进厂检验流程，完成既定告知事项及接车等手续。企业应为检验员制定明确的工作职责，确保进厂检验与其他维修节点连接顺畅。

进厂检验流程如下：

（1）业务接待员在开具车辆维修委托单后，如有故障类维修项目，应立即将车辆开至预检工位，通知检验员（有技师与检验员资质）对车辆进行进厂检验。

（2）检验员根据车辆技术档案的记录材料（电脑记录、维修记录本等）以及客户反映的车辆使用状况（如汽车动力性、行驶稳定性，以及故障发生的时间、地点、环境、现象、次数等），确定所需检测的项目。

（3）检验员根据所需检测项目和车辆实际状况通过仪器（专用电脑检测仪、尾气分析仪等）、路试或经验进行诊断，判断故障原因，按要求填写《进厂检验单》。

（4）检验员应根据检验结果判定故障原因，确定修理方案。

（5）检验员应配合业务接待员向客户详细说明车辆技术状况，故障诊断意见、维护与修理方案、建议维修项目、作业内容等，在《车辆维修委托单》上增加补充附加作业项目及预估价格，取得客户认可并签字，同时填写《机动车维修记录》。

某机动车维修企业的进厂检验单见表3-3。

4 估价填单

业务接待员、进厂检验员与客户确认维修项目后，业务接待员应将本企业经备案的工时标准、工时单价向客户说明，并根据故障诊断的难易程度、具体维修项目及所用的配件，向客户开出估价单。企业应注意的是估价应力求准确，误差率尽量控制在合理的比例范围。当维修项目发生变更或有增项时，业务接待员应及时进行重新估价，并再次让客户签字确认后方可进行维修。

估价填单流程如下：

（1）业务接待员在与客户确认维修项目后，应对本次维修作业作出维修费用的估算。

（2）业务接待员必须向客户详细说明本次维修作业的费用明细：材料费、工时费、检测诊断费、外加工费用等，以及本企业公示并上报物价部门备案的收费标准等。

（3）一般维修项目直接在《车辆维修委托单》上填写相应维修估价，大修、总成大修以及项目较多修理时必须出具统一格式的《维修报价单》，并经客户签字认可。

（4）当维修项目发生变更或有增项时，业务接待员应重新估价，并再次请客户签字确认。估价要求尽量准确，误差率控制在10%之内。

进厂检验单 表3-3

<table>
<tr><td>车牌号</td><td colspan="2"></td><td></td><td></td><td>车型</td><td colspan="2"></td></tr>
<tr><td>项目</td><td colspan="7"></td></tr>
<tr><td>故障现象</td><td colspan="7"></td></tr>
<tr><td rowspan="3">设备选型</td><td rowspan="3">设备名称</td><td colspan="3"></td><td rowspan="3">设备型号</td><td colspan="2"></td></tr>
<tr><td colspan="3"></td><td colspan="2"></td></tr>
<tr><td colspan="3"></td><td colspan="2"></td></tr>
<tr><td rowspan="6">检测结果</td><td colspan="3">故障代码</td><td></td><td>故障含义</td><td colspan="2"></td></tr>
<tr><td rowspan="4">数据流分析</td><td colspan="2" rowspan="2">检测项目</td><td>1</td><td>2</td><td>3</td><td>4</td></tr>
<tr><td></td><td></td><td></td><td></td></tr>
<tr><td colspan="2">检测数据</td><td></td><td></td><td></td><td></td></tr>
<tr><td colspan="2">标准范围</td><td></td><td></td><td></td><td></td></tr>
<tr><td>波形检测</td><td colspan="2">波形图（标出关键参数）</td><td colspan="4"></td></tr>
<tr><td>诊断结论及维修方法</td><td colspan="7"></td></tr>
</table>

检验员： 日期： 年 月 日

5 合同签订

合同是利益相关方为了保护自己利益不受侵犯而事先达成的约定，其本身具有多样性、自愿性。在机动车维修行业，维修合同一般具有三种形式：一是口头约定（含企业与客户虽没有口头约定，但企业公开公示的内容、承诺亦作为约定内容）；二是企业自定的委托书等合同类型；三是江苏省交通运输厅运输管理局依法制定的合同示范文本。

合同签订流程如下：

（1）业务接待员应根据进厂检验结果确定维修项目，按照《江苏省机动车维修管理条例》的规定，对二级维护及二级维护以上的维修项目和单次维修超过 2000元以上的维修项目都必须与客户订立维修合同。签订书面维修合同的，维修合同的各项要件应填写完整，原则上统一使用《江苏省机动车维修合同》示范文本。

书面维修合同应包含以下内容：

①承、托修方的名称；

②签订日期及地点；

③合同编号；

④托修车辆的车牌号码、品牌型号、车架号 / VIN、发动机号码、行驶里程、注册登记日期等基本信息；

⑤维修项目；

⑥配件提供方式及选用配件的类型；

⑦收费标准及预计维修费用；

⑧维修期限；

⑨质量保证期；

⑩托修日期、地点、方式；

⑪交车日期、地点、方式；

⑫验收标准和方式；

⑬结算方式及期限；

⑭违约责任和金额；

⑮双方权利和义务；

⑯解决合同争议的方式；

⑰双方约定的其他条款。

（2）维修过程中有超出合同范围，确需增加维修项目、扩大维修范围的，应及时与客户沟通，征得客户同意后，按规定订立维修补充合同。

（3）所有维修合同及维修补充合同在车辆竣工交车后，连同其他维修档案资料放入该车维修档案内，保存两年并做好登记台账。

6 维修派工

企业应根据实际情况确定业务接待员作为调度员，依据客户确认的维修项目和交车时间，开具维修（派工）单，维修（派工）单应详细注明维修项目、作业部位、完成时间和注意事项等，安排确定的人员或班组进行维修。企业应该在内部建立起良好顺畅的内部沟通机制，如维修人员不能在约定的交车时间完成修理工作，业务接待员应及时向客户做好说明工作，并取得客户的谅解。

维修派工流程如下：

业务接待员在完成维修委托单的填写及客户签字确认后，根据维修项目和交车时间，视情况对待修车辆安排清洁冲洗，根据待修车的实际情况合理安排各班组工种的接车和维修次序，在《车辆维修委托单》车间施工联上注明各班组施工、开工时间和预计竣工时间，派工至相应施工班组，提醒相关注意事项，并定时追踪了解维修进度，保证交车时间。

7 维修作业及过程检验、竣工检验

维修作业是维修企业经营的核心环节，显现经营者业务能力的车辆维修质量主要由此环节保障。因此，在维修作业过程中，各工序的维修人员应具备质量忧患意识，在对本环节作业实施自检的同时，还应对上工序的维修作业实施检验，即“自检“与“互检”相结合，全员参与，共同把好维修质量关。业务接待员应适时跟踪车辆维修状况，需要和客户沟通的，应耐心做好解释和说明。

《江苏省机动车维修管理条例》第12条规定：“机动车维修经营者应当执行国家、行业、地方机动车维修技术标准，保证机动车维修质量。尚未制定标准的，参照机动车生产企业提供的维修手册和有关技术资料进行维修。机动车维修经营者不得承修已报废的机动车，不得擅自改装机动车，不得利用配件拼装机动车。”因此，经营者应在维修作业及过程检验中，应以测量、检测数据作为零配件更换、过程验收的依据，并将相关数据及分析用过程检验表的形式记录。过程检验是确保维修质量的基础，通过对故障部位拆卸的零配件表面损坏程度、配合公差、物理性能等进行鉴定，确定是否更换，如需要更换新配件，还需对新配件的规格型号、装配适宜性等指标进一步确认。

机动车维修竣工出厂检验，是对机动车维修总体质量进行的全面验收检查，是对机动车维修质量出厂的最后把关。专职的检验人员必须依据机动车维修技术标准逐项地、全面地进行检查，对验收检查中发现的缺陷和不合格的项目，必须立即返修，不允许有存在缺陷或不合格项目的车辆出厂。只有所有的项目都达到机动车维修技术标准的要求时，车辆才能出厂，对二级维护、总成修理、整车修理的车辆，检验员还应按《江苏省机动车维修管理条例》和《机动车维修管理规定》的规定签发《机动车维修竣工出厂合格证》。《江苏省机动车维修管理条例》第21条规定：“机动车维修经营者对机动车进行二级维护、总成修理、整车修理的，应当依法建立竣工质量检验制度。维修竣工质量检验合格的，由质量检验人员签发机动车维修竣工出厂合格证；未签发机动车维修竣工出厂合格证的机动车不得出厂。”企业应按照法律规定，依法修车，最终将竣工检验方式、结果如实记载在《机动车维修记录》上，让客户明明白白修车。

某机动车维修企业的维修作业及过程检验、竣工检验流程如图3-4所示。

8 建立档案

建立健全机动车维修档案，有利于规范机动车维修企业的经营管理，有利于保证维修质量，提升企业乃至全行业管理水平，并可作为分析质量事故原因、调解维修纠纷的主要依据。机动车维修档案保存期限不得少于两年。

建立档案流程如下：

（1）对所有进厂维修车辆，业务接待员必须详细登记车辆信息：车牌号、车型、发动机排量、发动机号码、底盘号码、变速器型号、车辆年审及保险到期时间、行驶里程等，有条件的留取复印件存档；车主信息：车主姓名、单位名称、住址、联系电话、驾驶证信息、生日等，如有可能，尽量了解并记录客户的一些特殊喜好等。

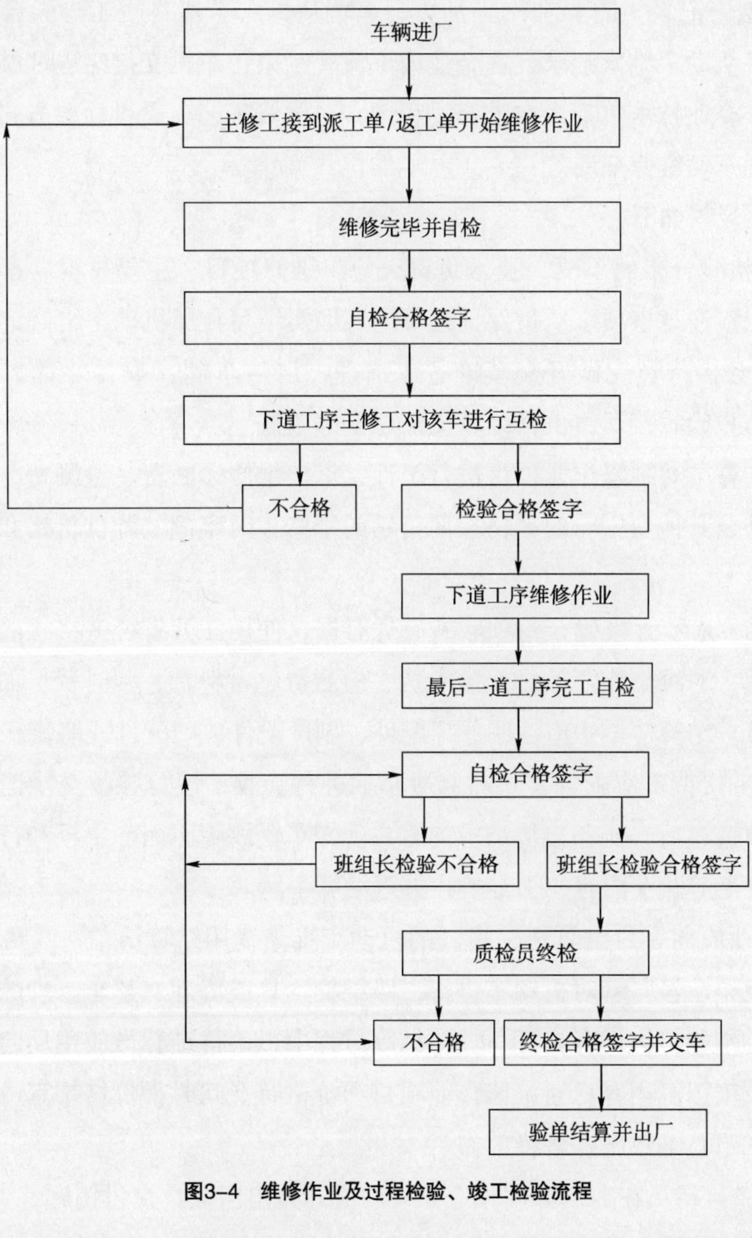

图3-4 维修作业及过程检验、竣工检验流程

（2）维修结束后，业务接待员应配合技术负责人整理相关维修单据：车辆维修委托单、进厂检验记录、过程检验记录、竣工检验记录、维修领料记录、出厂合格证副本、结算清单等，二级维护以及二级维护以上的维修项目还应保存：维修合同、维修项目、具体负责人信息、质量检验人信息、检验单、总成大修检验记录、出厂合格证副本、交通检测线检测合格记录等。

（3）维修档案由专人负责保管，有条件的应同时使用汽车维修软件，保存维修电子档案，保存期不低于两年。

9 车辆交接

企业应建立并公示车辆交接的流程，业务接待员、检验员、技术负责人各自应按照《机动车维修记录》的要求，分别填写车辆从进厂至最终竣工检验合格的相关内容。至此，《机动车维修记录》在企业内部流转结束，车辆交接时应和结算清单等一并交予客户。企业技术负责人在维修过程中，对维修工艺、质量检验方式等具有最终决定权，统揽车辆维修全局。

车辆交接流程如下：

（1）对检验合格的车辆，技术负责人应将维修项目、主要材料、车辆竣工质量检验情况、出厂注意事项、质量保证期等内容如实填写在《机动车维修记录》中。

（2）业务接待员应做好交车准备（清理、清洁车辆，查看外观，清点随车物品），通知客户验收接车，价格结算员汇总全部单据。

①价格结算员对维修作业项目进行统计，审核维修诊断费、检测费、材料费、工时费、加工费及其他费用。应严格按照公示的维修工时定额、配件价格和收费标准核定维修费用。

②价格结算应统计准确，每项收费有凭有据，使用江苏省统一格式的机动车维修费用结算清单，对维修作业的维修诊断费、检测费、材料费、工时费、加工费及其他费用分项计算。结算清单中应注明原厂配件、副厂配件、旧配件或修复配件。

（3）业务接待员应配合客户对修竣车辆进行验收，填写验收交接记录，客户签字确认。验收通过后，业务接待员应向客户告知车辆故障原因、出厂和行车注意事项以及质量保证期等相关内容，引导客户办理结算手续。

（4）企业应向客户出具统一格式的机动车维修费用结算清单、《机动车维修记录》和维修发票。经营者对机动车进行二级维护、总成修理、整车修理的，还应当出具《机动车维修竣工出厂合格证》。在结算过程中，价格结算员应主动向客户解释说明各项收费及依据。当客户对维修作业项目和价格有疑问时，价格结算员应认真听取客户的意见，耐心细致做好解释工作。

（5）业务接待员在客户办理相应手续后应开具出门证，交付钥匙。

经营者承诺的质量保证期不得低于《江苏省机动车维修管理条例》的规定。

10 异议处理

客户异议是维修企业在维修车辆过程中的某一个或多个环节，客户的不理解、不赞同、有质疑或拒绝等，包括对维修工艺、服务态度、服务设施等的不满意。根据客户提出的异议，企业可以获得服务改进的相关信息，因此企业应高度重视客户的异议，建立客户异议处理流程，明确专人或部门负责，处理好客户异议。

虽然客户的异议并不是完全正确，但只要客户有异议，企业首先要考虑的是本企业在服务过程中是否有不足之处，如存在，应分析、总结，以便制定纠正措施，加以改进。对企业而言，无论是有责或无责异议，必要时均应主动提请行业管理部门出面协调。同时，行业管理部门应积极主动介入，维护客户、企业双方的合法利益。

11 车辆返修

企业应建立车辆返修记录，对每一返修项目进行技术分析，找出原因，制定和落实应对措施以避免同一类型返修再次发生。无论是从经济效益角度还是提高企业整体技术素养考虑，返修原因分析都是必要的。

车辆返修流程如下：

（1）业务接待员接到客户返修要求应向客户道歉并取得客户谅解，立即通知检验员对返修车辆进行检验，查清返修原因，如检验员不能确定返修原因，可召集企业技术领导小组集体商量，确定返修原因。

（2）车间接到返修车辆必须优先安排修理，保证最短时间内排除故障，完成修理，尽量减少客户等待时间，如时间较长，应和客户磋商并有相应措施方便客户。

（3）检验员对返修车辆必须填写《纠正和预防措施要求单》，召集相关人员认真总结学习，分析返修原因，提出纠正和预防措施，并在以后维修工作中加以验证，杜绝类似事件再次发生。

某机动车维修企业的纠正和预防措施要求单见表3-4。

纠正和预防措施要求单 表3-4

客户名称： 车型： 车牌号： 编号：

<table>
<tr><td rowspan="3">不合格或事故事项</td><td>类别</td><td>□严重抱怨 □一般抱怨 □检验 □稽查 □其他</td></tr>
<tr><td>方式</td><td>□口头 □电话 □客户意见调查表
□客户调查 □书面报告 □意见簿</td></tr>
<tr><td colspan="2">事实描述：

签名：
日期： 年 月 日</td></tr>
</table>

续上表

<table>
<tr><td rowspan="2">原因分析</td><td colspan="8">责任人签名：
日期：　　年　月　日</td></tr>
<tr><td colspan="2">鉴定小组组长</td><td colspan="3"></td><td colspan="2">质检人员</td><td></td></tr>
<tr><td rowspan="2">纠正和预防措施</td><td colspan="8"></td></tr>
<tr><td>厂长</td><td></td><td>主管</td><td></td><td>质检人员</td><td></td><td>制定日期</td><td></td></tr>
<tr><td rowspan="2">有效性验证</td><td colspan="2">效果确认</td><td colspan="6">纠正、预防措施：　口满意　口不满意</td></tr>
<tr><td>意见</td><td colspan="7">确认人：</td></tr>
<tr><td rowspan="2">结案</td><td colspan="8">结案：
结案人：
结案日期：　　年　月　日</td></tr>
<tr><td colspan="8">批示：
批示人：
批示日期：　　年　月　日</td></tr>
</table>

12 跟踪回访

江苏省《机动车维修服务质量规范》明确规定：修竣车辆出厂后，在一周内企业应回访客户。这是因为一周的时间内，车辆如果存有潜在的、未显现的隐患，经过一周时间，潜在故障基本显性化，此时回访客户可以获取客户对维修质量的全面、完整认识。企业应建立服务追踪流程，利用服务质量跟踪记录，将客户的反馈意见详细记录，作为改进服务的依据。

跟踪回访流程如下：

（1）修理好的车辆出厂后，在一周内，经营者应回访客户，征询车辆维修服务反馈意见，并做好服务质量跟踪记录。

（2）回访中发现的客户投诉，及时传递给售后业务经理进行处理。

（3）向客户回复其投诉的处理措施，约定维修时间。

（4）对回访记录进行分析、统计，形成电话回访报告。

（5）回访结束前，还应提醒客户下次定期维护的里程或大约时间。回访结束后应对客户的配合表示谢意，并使用规范的结束语。

第三节 《江苏省机动车维修服务价格行为规则（试行）》、《江苏省机动车维修结算工时定额及收费指南》

一 《江苏省机动车维修服务价格行为规则（试行）》

为规范机动车维修服务价格行为，维护承、托修双方的合法权益，促进机动车维修行业健康发展，江苏省物价局、江苏省交通厅制定并下发了《江苏省机动车维修服务价格行为规则（试行）》（苏价服〔2004〕481号），并于2004年12月24日执行。

1 机动车维修价格主要构成

机动车维修价格主要由工费、材料费构成。

机动车维修结算价格=工费+［材料进价×（1+进销差率）］+外加工费

（1）工费：按工时单价乘以结算工时定额或者参考《江苏省机动车维修结算工时定额及收费指南》进行计算。

工时单价由企业依据自身的资质、规模、技术等级、维修及服务质量、市场需求等自行制定；工时定额按照江苏省交通运输主管部门制定的《江苏省机动车维修结算工时定额及收费指南》执行。

（2）材料费：机动车维修过程中更换、修理零配件及使用耗材（含材料、漆料、燃料等）所发生的费用。

零配件及材料价格按实际购入价格和合理的进销差价构成。进销差价率由经营者参照江苏省机动车行业组织定期公布的市场平均进销差率自行确定；维修中使用非原车修复配件的，应事先征得托修方同意，其价格标准由双方协商确定。

（3）外加工费：受本企业的技术条件限制，需要委托其他企业进行维修或加工零、配件所发生的费用。外加工费按实际发生的净额结算。

凡应托修方要求为抛锚车、事故车等提供的现场排障、施救、牵引服务，承修方可以按相关规定收取服务费用。

2 收费标准应备案

企业制订的工时单价、材料进销差率和其他服务收费，一定时期内应保持基本稳定，并应报当地价格、维修行业主管部门备案。

3 机动车维修实行竣工出厂质量保证期制度

4 出厂检测规定

经二级维护、总成修理及以上维护作业的车辆，应进行竣工出厂检测。不具备检测条件的，可委托具备相应资质的检测站进行，其检测费用（含复检费）由承修方承担。

5 关于明码标价的规定

企业应当按照《商品和服务实行明码标价的规定》，认真做好维修、配件价格及施救、牵引等服务收费的明码标价工作。经营者所列的展示样品，必须实行一货一标，并详细注明产地、生产厂家、规格、型号、价格等，禁止价格欺诈。

6 关于管理制度的规定

企业应当建立内部价格管理制度，配备专职的维修服务价格管理及结算人员。一、二类机动车维修企业的价格结算员应经维修行业主管部门考试合格并持证上岗；经营者应建立完整的价格资料保存制度，及时提供价格检查所需的账册、单据、凭证等有关资料。

二 《江苏省机动车维修结算工时定额及收费指南》

为进一步完善机动车维修结算工时定额，规范维修经营者的收费行为，保护承、托修双方的合法权益，经江苏省交通厅、江苏省交通厅运输管理局同意，于2004年12月18日印发了江苏省汽车维修行业分会组织编制的《江苏省机动车维修结算工时定额及收费指南》（以下简称《工时定额及收费指南》）。

1 总体要求

机动车维修结算价为市场调节价，机动车维修经营者应当按照《江苏省机动车维修收费结算办法》的要求，将工时单价、材料进销差率、工费浮动率报属地物价局、道路运输管理机构备案，并向社会公布。

2 结算办法

1 维修费用结算

（1）维修费用计算公式：发票合计金额=工费+材料进价×（1＋进销差率）+外加工费。

机动车维修经营者收费时，必须按价格行为规则规定的上述计算公式结算维修费用，所有费用均为含税价。

（2）《工时定额及收费指南》中所列各表的金额，是各类机动车维修企业的结算金额。各表所列维修项目价格为行业的指导价格，各类机动车维修企业根据本企业的装备条件、人员素质、管理水平、服务质量及市场需求可以上下浮动。

（3）机动车维修企业对事故车修理费的估算，可按事故车修复、换件、拆检工费执行。事故车评估前，应事先取得托修方的同意。事故车辆的评估费，按不超过评估总金额的5%分档收取。

（4）维修前的仪器检测诊断费由托修方承担，维修后送检测站的检测费由机动车维修经营者承担。

② 工费结算

（1）工费计算方法。工费可参照《工时定额及收费指南》的规定执行。工费=工时定额×工时单价，结算工时定额按新版《工时定额及收费指南》执行，机动车维修企业可根据本企业的资质、技术条件、市场需求、服务质量等因素，自行制订工时单价。机动车维修企业也可按照《工时定额及收费指南》所确定的行业指导价制定工时单价，并应用计算机结算维修费用。

（2）检测诊断。在不解体的条件下，用专用检测仪器或检测设备来确定汽车技术状况和工作能力，查找故障的原因和部位。检测诊断费由托修方承担，承修方可按《工时定额及收费指南》中确定的汽车故障诊断与汽车性能检测项目工费进行结算。

（3）材料费计算方法。维修中使用的零配件费用和原材料费用按市场实际购入价加上合理的进销差率计算。材料的进销差率是指材料在采购、装卸、运输、损耗、仓储、保管、养护中所消耗的费用。材料进销差率由机动车维修经营者自行制定。主要的零配件价格和材料进销差率应当告示客户。

材料费结算应遵守如下规定：

①维修中使用的辅料费已列入工费，不另外计费；

②使用修旧件应征得客户的同意，修旧件费按市场价格的50%计算，亦可与客户协商后确定；

③自制配件费按实际制造成本价计算，也可与客户协商后确定；

④修旧件费和自制配件费在结算时应当在材料清单中注明；

⑤机动车维修企业对用于自带配件的保管、润滑、检验等项目的材料服务费，在不超过本配件价格5%的范围内由承、托修双方议定，并应明确双方的责任；

⑥机动车维修经营者使用所属门市部的配件，不得再次加收材料进销差率的费用；

⑦《收费指南》中所列工费和材料费金额均为含税金额；

⑧机动车维修企业应当使用规定的结算票据，并向客户提供分项计算的工时清单

和材料清单。

第四节 江苏省《机动车维修业开业条件》

江苏省地方标准《机动车维修业开业条件》（DB 32/T 1692—2010）（以下简称《条件》）于2010年12月20日由江苏省质量技术监督局发布，2011年2月20日实施。

一 编制《条件》的原则

（1）解决维修企业分类许可问题。《江苏省机动车维修管理条例》第五条规定，从事机动车维修经营活动的，应符合相关条件，具体条件按照国家和江苏省有关标准、规定执行，法规授权了江苏省地方标准可作为开业条件。该标准完善健全了机动车维修企业开业标准体系，为道路运输管理机构在实施各类维修企业开业许可时对申请人的审核提供依据。

（2）解决好与《汽车维修业开业条件》的衔接，在国家标准框架内结合江苏省实际情况进行细化、补充、完善、优化。

（3）结合江苏省机动车维修行业现状及发展情况，按照行业法规倡导的鼓励维修企业实行集约化、专业化、连锁经营的行业发展要求，调整行业结构，培育引导新型业态。

（4）将行业发展与企业基本资质要求相结合，做到质量与服务并重，安全与节能并举。

二 维修企业分类

《条件》将机动车维修企业分为汽车维修经营企业、危险货物运输车辆维修经营企业、摩托车维修经营业户、轮式专用机械车维修经营企业四大类。然后根据江苏省实际情况，将汽车维修经营业户分为整车维修企业、汽车快修业户和汽车专项维修业户。

对于整车维修企业，按其规模可分为一类整车维修企业和二类整车维修企业。《条件》结合江苏省实际情况，根据其维修的车型又可分为客车整车维修企业、货车整车维修企业、乘用车整车维修企业。

取消摩托车的维修分类，将轮式专用机械车维修分为一、二类维修业户。

根据以上对维修企业的分类，《条件》分为以下六个部分，第一部分规定了一、二类汽车维修企业的开业条件，其中包括客车整车维修企业、货车整车维修企业及乘用车整车维修企业；第二部分规定了汽车快修（包括连锁快修）业户的开业条件；第三部分规定了汽车专项维修业户（三类）开业条件；第四部分规定了危险品货物运输车辆维修企业开业条件；第五部分规定了摩托车维修业户开业条件；第六部分规定了轮式专用机械车维修经营企业（一、二类）开业条件。

需要说明的是：

（1）对维修车型重新调整划分。《汽车维修业开业条件》按维修对象将一、二类整车维修企业分为大中型客车维修企业、大型货车维修企业、小型车维修企业。在管理实践中，主要存在将小型货车（总质量小于3500kg）划入了小型车维修范围而造成麻烦，一是客户把小型货车等同于大型货车，愿意选择大型货车维修企业进行维修，二是小型车维修企业不愿意承接小型货车维修的业务，同时也存在两种车辆结构、运用方向不同，维修设备及作业方法差别较大的问题。因此江苏省将维修车型作了调整，按客车类、货车类、乘用车类进行了分类，这样就能有效解决小型货车维修难的问题。

（2）确定了分类许可的原则。为充分体现维修企业分类许可原则，不仅在标准体系上体现出分类要求，还在整车维修企业开业条件中分车型、分类别对企业生产厂房、设备、停车场地等作了不同要求；对申报两个以上维修车型企业的人员、设施增加了相应的要求；对申报两个类别以上的企业作出了要求，深化了分类许可；对维修企业同时又是发动机特约维修站的情况，应视其本身经营范围必要时要求该企业申请发动机专项维修，以满足其发动机在不同车型上维修的需要。

三 《条件》主要条款说明

1 关于整车维修企业

（1）维修企业人数。《条件》对各类维修业户具体持证维修从业人员数量作出了明确规定。本着引导维修企业集约化、专业化的指导思想，维修企业在投入一定设备、设施以后，维修水平和维修规模很大程度取决于维修技术人员。《条件》相比较国家标准，对从业人员特别是维修技术人员数量要求更高，要求一类企业维修技术人员为至少16人，二类企业维修技术人员为至少8人，同时每增加一个车型的经营范围则维修技术人员相应增加30%。

（2）设施条件。《条件》考虑到客车、货车特别是大型货车的投影面积及转弯半径远大于小型车，设定了客车、货车维修企业的生产厂房、停车场地面积应大于乘用车维修企业的要求。

（3）维修设备。规定企业应配备与其承修车型相适应的机工具、手工具及计量器具，计量器具应定期进行检定。

（4）经营管理条件。业务流程需要符合江苏省《机动维修服务质量规范》要求公示的相关内容；应有健全的经验管理体系，要求建立并执行的制度多达10种；要求具有配件登记制度，建立配件登记台账；要求企业将原厂配件、副厂配件和修复配件等配件分类标识，实施明码标价；要求建立旧配件管理制度。

（5）环境保护条件。《条件》增加了“在居民楼下从事钣金、涂漆的，应提供符合相关规定的环境评估报告”的要求。

2 关于汽车快修业户

（1）明确了作业范围。快修作业明确为专业从事汽车养护、一级维护和小修作业。

（2）对快修连锁企业作了定义，明确为由总部、中心店和两个以上汽车快修店组成。连锁店的形式包括直营连锁和加盟连锁。

（3）快修设备基本参照“江苏快修”品牌设备的要求，增加了“轮胎轮辋拆装设备”。一个完备的快修店目前从事“小修”、“轮胎”、“美容装潢”等。对于从事乘用车轮胎维修的，增加了“轮胎轮辋拆装设备”的要求。

（4）将符合快修企业条件的高等级公路服务区汽车维修企业纳入“汽车快修”，并对某些设备允许外协，既贴近江苏省实际情况又可以引导高速公路服务区汽车维修企业的规范发展。

3 关于专项维修

（1）与《汽车维修业开业条件》相比，专项维修中增加了“汽车音响”，在“汽车美容装潢”中增加了贴膜。

（2）对于发动机、车身、电气设备、自动变速器维修，增加了对结算员的要求。

（3）调整了部分设备要求：在发动机维修中，取消了对发动机综合测试仪的要求；在车身清洁维护中，增加了对清洁内饰设备的要求（洗衣机、蒸汽机、甩干机等）；在喷油泵、喷油器维修中，增加了对电控喷油泵、喷油器维修设备的要求；在电气设备维修中，将电解液密度计、高频放电计调整为目前常用的“汽车蓄电池测试仪”；在供油系统维护及油品更换中，将不解体油路清洗设备明确为燃油、润滑油两种；在空调维修中，增加了空调压缩机专用拆装工具。

（4）对从事多个专项维修的业户，增加了厂房场地面积、人员的要求。

4 关于危险货物运输车辆维修企业

（1）对危险货物运输车辆维修企业的经营范围、场地、设施设备、人员、管理制度等作了全面要求。

（2）明确了危险货物运输车辆应是领取了危险货物《道路运输证》的车辆。

（3）附加设备要求主要是针对维修小型危险货物运输车辆提出的，是对一类整车大型货车维修企业设备要求的补充。

5 关于摩托车维修企业

考虑到摩托车保有量在城市已经大幅度衰减，取消了摩托车一、二类维修业户的分类，结合江苏省实际情况，基本依据《汽车维修业开业条件》二类摩托车维修业户的开业条件进行修订。

6 关于轮式专用机械车维修

（1）《条件》的起草主要参照了《汽车维修业开业条件》和中国工程机械工业协会发布的《工程机械维修企业资质等级标准》。

（2）术语源于《机动车运行安全技术条件》（GB 7258—2004）的规定。

（3）明确本《条件》中维修企业的开业条件不包括对起重机械等特种设备的维修。

第五节 《汽车维修业开业条件》

在江苏省《机动车维修业开业条件》（DB32/T 1692—2010）颁布之前，江苏省执行中华人民共和国国家标准《汽车维修业开业条件》（GB/T 16739—2004）（以下简称《标准》）。《标准》由中华人民共和国国家质量监督检验检疫总局、中国国家标准化管理委员会于2004年1月6日发布，于2005年1月1日正式实施。

一 编制原则

在《标准》的编制过程中，始终本着以下原则：

（1）着力于解决在原标准实施过程中出现的超范围经营、设备要求不符合现有维修作业的需要等问题；

（2）对新标准与旧标准的衔接，采取逐步过渡的方式，使新标准更完善、更合理、更科学、更先进，更具可操作性；

（3）严格区分行业管理要求和企业经营行为；

（4）紧紧围绕汽车维修业的基本要求。

二 适用范围与组成

本《标准》适用于汽车维修企业（一类、二类、三类），是交通运输行政主管部门对汽车维修企业开业审核和管理的依据。

《标准》规定了汽车维修企业必须具备的人员、组织管理、设施、设备等条件。根据我国汽车维修企业的现状，分为第1部分《汽车整车维修企业开业条件（一类、二类）》和第2部分《汽车专项维修业户开业条件（三类）》。

三 主要内容

1 人员

人员素质是维修质量的关键，《标准》规定所有关键岗位人员都必须经过行业主管部门培训，取得从业资格证书，持证上岗。只有提高各级管理人员、检验人员、维修人员的业务素质，并加强管理，才能从根本上解决维修质量低下的问题。

2 组织管理

（1）经营管理。企业应具有与汽车维修有关的法规等文件资料，汽车维修作为一种经济活动，其一切行为应遵守我国的法律和规章，才能保障我国汽车维修行业的健康发展；企业应具有规范的业务工作流程，明示业务受理程序、服务承诺、客户抱怨受理制度等规范的业务工作流程有利于汽车维修企业工作的规范化、标准化，有利于提高企业的素质，改善企业在社会中的形象；企业应具有健全的经营管理体系，设置技术负责、业务受理、质量检验、文件资料管理、材料管理、仪器设备管理、价格结算等岗位并落实责任人，同时应实行计算机管理。

（2）质量管理。企业应具有汽车维修的国家标准、行业标准以及相关技术标准；企业应具有所维修车型的维修技术资料及工艺文件，确保完整有效并及时更新；企业应具有汽车维修质量承诺、进出厂登记、检验、竣工出厂合格证管理、技术档案管理、标准和计量管理、设备管理及维护、人员技术培训等制度；企业应建立汽车维修档案和进出厂登记台账。

3 安全生产

（1）安全管理制度。企业应具有与其维修作业内容相适应的安全管理制度，建立并实施安全生产责任制。安全管理制度应包括安全生产和消防两大方面，在具体制度建立中要包含停车场、维修车间、库房、重要工位等，并应注重发生事故处理预案的制定。

（2）安全防护措施。企业应具有与其维修作业内容相适应的安全保护措施。使用或存储有毒、易燃、易爆物品，腐蚀剂，压力容器等均应有相应的安全防护措施和设施。生产厂房和停车场应符合安全、环保和消防等各项要求。

（3）安全操作规程。企业应有各工种、各类机电设备的安全操作规程，安全操作规程明示在相应的工位或设备处。

4 环境保护

（1）环境保护管理制度。废油、废液、废气、废蓄电池、废轮胎及垃圾等有害物质是维修企业的产物，对环境会造成较大污染，企业应具有对废油、废液、废气、废蓄电池、废轮胎及垃圾等有害物质集中收集、有效处理和保持环境整洁的环境保护管理制度。

（2）环境保护措施。对于汽车维修企业，要对有害物质存储区域界定清楚，必要时应有隔离、控制措施；作业环境以及按生产工艺配置的处理“三废”（废油、废液、废气）、通风、吸尘、净化、消声等设施，要符合有关规定；涂漆车间应设有专用的废水排放及处理设施，采用干打磨工艺的，应有粉尘收集装置和除尘设备，同时应设有通风设备；调试车间或调试工位应设置汽车尾气收集净化装置。

5 设施条件

1 接待室

为了更好地适应目前汽车业的发展，改善行业形象，提高服务质量，本《标准》要求一、二类维修企业及部分三类维修业户增设业务接待室（参见表3-8），接待室应整洁明亮，明示各类证照、主修车型、作业项目、工时定额及单价等，并应有客户休息的设施。

2 停车场

企业应有与承修车型、经营规模相适应的合法停车场地，停车场地面平整坚实，区域界定标志明显。企业租赁的停车场地，应具有合法的书面合同书。

3 生产厂房

生产厂房地面应平整坚实，面积应能满足维修设备的工位布置、生产工艺和正常作业。租赁的生产厂房应具有合法的书面合同书。

4 设备条件

《标准》体现了：将原来对设备“大而全”的要求，改变为根据企业承修车型（小型车、大中型客车、大型货车）配置设备；将设备要求的重点由原来的以大型货车维修为主转向以小型车维修为主；只对主要的通用设备、专用设备、检测设备提出要求；取消了一些随着汽车技术进步而不再适用的汽车维修设备，增加了针对汽车新装置的故障诊断、检测和维修设备；对于使用率极低但却有一定市场需要的机加工等设备，允许外协，引导和鼓励汽车维修的专业化、规模化。这样的设备要求，减轻了企业负担，也更适应市场经济的发展要求。此外，还要求量具及检测设备的定期检定，对涉及安全、环保的主要检测设备，规定其应通过形式认定。

四 省标与国标《开业条件》的区别（以整车维修企业为例）

1 基本构成对比（表3-5）

基本构成要求对比 表3-5

内容	国标	省标
标准组成	（1）汽车整车维修企业； （2）汽车专项维修业户； （3）摩托车维修业户	增加： （1）汽车快修业户； （2）危险货物运输车辆维修企业； （3）轮式专用机械车维修企业
维修车型划分	小型车、大中型客车、大型货车	乘用车类、客车类、货车类
资质条件基本要求框架	人员条件，组织管理条件，安全生产条件，环境保护条件，设施、设备等条件	无变化

2 人员条件对比（表3-6）

人员条件要求对比（单位：人） 表3-6

<table>
<tr><th rowspan="3">工种</th><th colspan="2">国标</th><th colspan="4">省标</th></tr>
<tr><th rowspan="2">配备人数（10）</th><th rowspan="2">持证人数（9）</th><th colspan="2">配备人数</th><th colspan="2">持证人数</th></tr>
<tr><th>一类（26）</th><th>二类（14）</th><th>一类（26）</th><th>二类（14）</th></tr>
<tr><td>企业负责人</td><td>1</td><td>1</td><td>1</td><td>1</td><td>1</td><td>1</td></tr>
<tr><td>技术负责人</td><td>1</td><td>1</td><td>2</td><td>1</td><td>2</td><td>1</td></tr>
<tr><td>质量检验员</td><td>2</td><td>1</td><td>3</td><td>2</td><td>3</td><td>2</td></tr>
<tr><td>价格结算员</td><td>1</td><td>1</td><td>2</td><td>1</td><td>2</td><td>1</td></tr>
<tr><td>业务接待员</td><td>1</td><td>1</td><td>2</td><td>1</td><td>2</td><td>1</td></tr>
<tr><td>机修</td><td>1</td><td>1</td><td rowspan="4">16</td><td rowspan="4">8</td><td rowspan="4">16</td><td rowspan="4">8</td></tr>
<tr><td>电器</td><td>1</td><td>1</td></tr>
<tr><td>钣金</td><td>1</td><td>1</td></tr>
<tr><td>涂漆</td><td>1</td><td>1</td></tr>
</table>

3 设施条件对比（表3-7）

标设施条件要求对比（单位：m^2） 表3-7

<table>
<tr><th rowspan="3">内容</th><th colspan="2">国标</th><th colspan="6">省标</th></tr>
<tr><th rowspan="2">一类</th><th rowspan="2">二类</th><th colspan="3">一类</th><th colspan="3">二类</th></tr>
<tr><th>乘用车</th><th>客车</th><th>货车</th><th>乘用车</th><th>客车</th><th>货车</th></tr>
<tr><td>接待室</td><td>40</td><td>20</td><td colspan="3">40</td><td colspan="3">20</td></tr>
<tr><td>停车场</td><td>200</td><td>150</td><td>200</td><td>400</td><td>400</td><td>150</td><td>300</td><td>300</td></tr>
<tr><td>生产厂房</td><td>800</td><td>200</td><td>800</td><td>1000</td><td>1000</td><td>300</td><td>500</td><td>500</td></tr>
</table>

省标增加：

（1）生产厂房内应设有总成维修间，一类企业总成维修间面积不小于30m²，二类企业总成维修间面积不小于20m²，并设置总成维修所需的工作台、拆装工具、计量器具等。

（2）生产厂房内应设有预检工位，预检工位应有相应的故障诊断、检测设备。

（3）企业如申请2个以上车型的经营范围（含2个），每增加1个车型，停车场及生产厂房的面积应不小于单个车型所要求面积最大者的150%。

4 设备条件对比（表3–8）

设备条件要求对比　　表3–8

名　称	国　标	省　标
通用设备	钻床、电焊及气体保护焊设备、气焊设备、压力机、空气压缩机	增加： 砂轮机
专用设备	共41类设备	共28类设备 取消： （1）发动机检测诊断设备 （2）车架校正设备 （3）调漆设备、自动变速器维修设备、立式精镗床、立式珩磨机、曲轴磨床、曲轴校正设备、凸轮轴磨床、激光淬火设备、曲轴、飞轮与离合器总成动平衡机、连杆校正器、无损探伤等11类外协设备 增加扩展： （1）电脑解码仪（所有一类整车企业） （2）空调冷媒加注回收设备（所有整车企业）
检测设备	声级计、排气分析仪或烟度计、汽车前照灯检测设备、侧滑试验台、制动检验台、车速表检验台、底盘测功机	取消： 底盘测功机
计量器具	未明确	增加： 轮胎花纹深度尺、激光测距仪或塔尺、轮胎气压表、外径千分尺、内径千分尺、量缸表、游标卡尺、燃油压力表、汽缸压力表、真空表、液压油压力表

第六节 《汽车维护、检测、诊断技术规范》

中华人民共和国国家标准《汽车维护、检测、诊断技术规范》（GB/T 18344—2001）（以下简称《规范》）由国家质量技术监督局于2001年3月26日发布，于2001

年12月1日实施。

一 制定《规范》的目的及意义

《汽车维护、检测、诊断技术规范》是汽车维修和检测行业对在用车辆进行维护、检测、诊断的规范性技术标准，是一个全面贯彻车辆二级维护制度的通用性标准。该标准的发布实施对促进我国汽修行业技术进步，提高我国汽车维护、检测、诊断技术水平，加快我国汽修制度与国际接轨，确保汽车技术状况良好，充分提高汽车的使用效率，保证行车安全，减少运行故障，控制汽车排放污染物等具有积极意义。

二 《规范》的特点

1 适用范围广，适用于全国各行各业所有的在用汽车

《规范》是一个国家标准，是汽车维修技术管理最基本的技术性法规。它继承和发展了《汽车维护工艺规范》（JT/T 201—1995）的先进、科学的措施，适用范围从营运汽车扩大到所有在用汽车、从交通运输行业扩大到全国各个行业，并规定了在用汽车维护、检测、诊断技术规范。

2 具有原则性和指导意义

《规范》规定了所有在用汽车维护作业总的框架，提出了各种车型维护、检测、诊断总的要求，并依据附录A的精神导出各类车型的技术工艺规程，并随着车型的发展和增加对其不断补充与完善。

3 进一步体现和推动了科技进步

《规范》及时将电喷系统、三效催化器、车轮动平衡、车轮定位等项目作为二级维护前检测诊断项目，这就要求汽修行业要积极采用新技术、新设备，应用最新汽车检测诊断技术，改变维修观念，提高维修水平，以适应当今科技和维修业的发展，适应加入WTO形势的发展。

4 进一步强调了安全与环保要求

《规范》将安全和环保的要求始终贯彻在各级维护中，并保留了原交通部行业标准JT/T 201规范有关汽车二级维护对制动部分进行拆检的要求，强调了安全部件维护的重要性。在二级维护基本作业中，较JT/T 201增加了影响排放性能的燃油蒸发控制装置、曲轴箱通风装置、三效催化转化装置的维护，并将有关影响安全、排放性能的作为二级维护前的检测项目，从而将原来的维护理念提升到了一个新的水平，体现了时代的特征，适应了当今车辆高速化行驶和保护自然环境的要求。

三 《规范》的主要内容及重点、要点

1 适用范围

适用于所有在用汽车，凡是进行汽车维护、检测、诊断的其技术规范均应按本《规范》执行。

2 维护的分级

标准将汽车维护分为日常维护、一级维护、二级维护。

一级维护、二级维护的周期应以汽车行驶里程为基本依据，行驶里程的确定依据车辆使用说明书的有关规定，同时依据汽车使用条件的不同，由省级交通运输行政主管部门确定。对于不便用行驶里程统计、考核的汽车，可用行驶时间间隔确定一、二级维护周期，其时间间隔可依据汽车使用强度和条件的不同，参照汽车一、二级维护里程周期确定。

3 日常维护

日常维护的目的是保证车容整洁，各部分工作介质充足，尤其要掌握车辆安全部位和发动机运转状况，保证其工作的安全、可靠，提高车辆的环保性能。

（1）定义。日常维护是指以清洁、补给和安全检视为作业中心内容，由驾驶员负责执行的车辆维护作业。

（2）维护周期。汽车日常维护的周期为出车前，行车中，收车后。

（3）主要作业项目和内容。按作业类型不同可归纳为三大作业：清洁作业、补给作业、安全装置和发动机运转状况检视作业。

（4）与JT/T 201比较，日常维护增加项目是：发动机运转状况检视作业。

4 一级维护

一级维护的目的是使汽车在二级维护周期内能始终保持良好的技术状态，减少磨损，降低故障率，保证车辆的正常运行，为车辆二级维护附加作业的确定提供依据。

（1）定义。一级维护是指除日常维护作业外，以清洁、润滑、紧固为作业中心内容，并检查有关制动、操纵等安全部件，由维修企业负责执行的车辆维护作业。

（2）维护周期。汽车一、二级维护周期的确定，应以汽车行驶里程为基本依据。行驶里程根据汽车使用说明书和使用条件的不同，由各省级交通运输行业主管部门确定；时间间隔根据汽车使用说明书、使用条件和使用强度的不同，由各省级交通运输行业主管部门确定。

（3）作业项目和内容。按作业类型不同可归纳为五大作业：清洁作业、检视作

业、调整作业、紧固作业、润滑作业。作业内容见表3–9。

一级维护作业内容　　表3–9

序号	项　　目	作业内容	技术要求
1	点火系	检查、调整	工作正常
2	发动机空气滤清器、空压机空气滤清器、曲轴箱通风系空气滤清器、机油滤清器和燃油滤清器	清洁或更换	各滤芯应清洁无破损，上下衬垫无残缺，密封良好；滤清器应清洁，安装牢固
3	曲轴箱油面、化油器油面、冷却液液面、制动液液面高度	检查	符合规定
4	曲轴箱通风装置、三效催化转化装置	外观检查	齐全、无损坏
5	散热器、油底壳、发动机前后支垫、水泵、空压机、进排气歧管、化油器、输油泵、喷油泵连接螺栓	检查校紧	各连接部位螺栓、螺母应紧固，锁销、垫圈及胶垫应完好有效
6	空压机、发电机、空调机皮带	检查皮带磨损、老化程度，调整皮带松紧度	符合规定
7	转向器	检查转向器液面及密封状况，润滑万向节十字轴、横直拉杆、球头销、转向节等部位	符合规定
8	离合器	检查调整离合器	操纵机构应灵敏可靠；踏板自由行程应符合规定
9	变速器、差速器	检查变速器、差速器液面及密封状况，润滑传动轴万向节十字轴、中间轴轴承，校紧各部连接螺栓，清洁各通气塞	符合规定
10	制动系	检查紧固各制动管路、检查调整制动踏板自由行程	制动管路接头应不漏气，支架螺栓紧固可靠。制动联动机构应灵敏可靠，储气筒无积水、制动踏板自由行程符合规定
11	车架、车身及各附件	检查、紧固	各部螺栓及拖钩、挂钩应紧固可靠，无裂损，无窜动，齐全有效
12	轮胎	检查轮辋及压条挡圈；检查轮胎气压（包括备胎），并检情况补气；检查轮毂轴承间隙	轮辋及压条挡圈应无裂损、变形；轮胎气压应符合规定，气门嘴帽齐全；轮轴承间隙无明显松旷

从表3–9中可看出：《规范》与JT/T 201比较，一级维护增加的项目是：点火系、曲轴箱通风装置和三效催化装置、悬架机构。进一步强调了安全、环保的要求。

5 二级维护

二级维护的目的是维持汽车总成、机构部件具有良好的工作性能，及时消除故障和隐患，确保汽车在二级维护间隔期限内正常运行。

（1）定义：二级维护是指除一级维护作业外，以检查、调整转向节、转向摇臂、制动蹄片、悬架等经过一定时间的使用容易磨损或变形的安全部件为主，并拆检轮胎，进行轮胎换位，检查调整发动机工作状况和排气污染控制装置等，由维修企业负责执行的车辆维护作业。

（2）维护周期：同一级维护。

（3）作业过程：作业过程如图3-5所示。

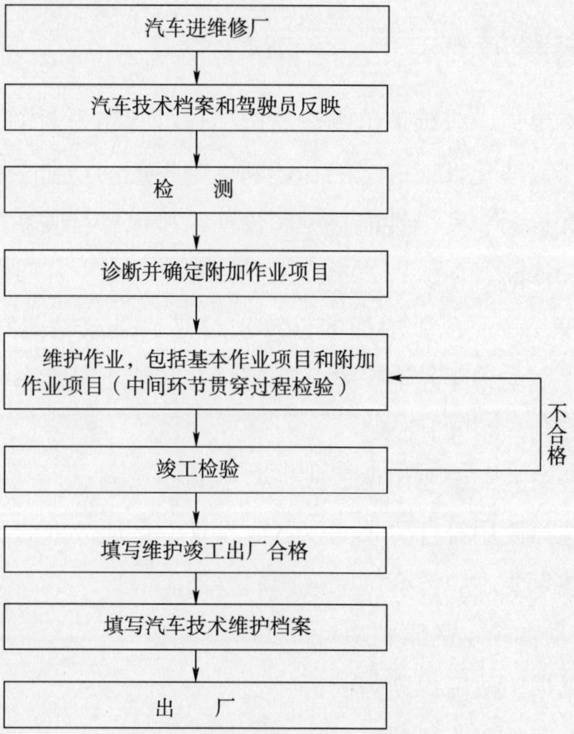

图3-5　二级维护工艺过程图

（4）维护前的检测、诊断项目见表3-10。

汽车二级维护检测项目　　表3-10

序　号	检　测　项　目
1	发动机功率，汽缸压力
2	汽车排气污染物，三效催化转化装置的作用
3	电控燃油喷射系统
4	柴油车检查供油提前角、供油间隔角和喷油泵供油压力
5	制动性能，检查制动力
6	转向轮定位，主要检查前轮定位角和转向盘自由转动量
7	车轮动平衡
8	前照灯

续上表

序号	检测项目
9	操纵稳定性，有无跑偏、发抖、摆头
10	变速器，有无泄漏、异响、松脱、裂纹等现象，换挡是否轻便灵活
11	离合器，有无打滑、发抖现象，分离是否彻底，接合是否平稳
12	传动轴，有无泄漏、异响、松脱、裂纹等现象
13	后桥，主减速器有无泄漏、异响、松动、过热等现象

从表3–10中可看出，二级维护检测诊断按项目可归纳为七个方面：发动机动力性能的检测和诊断、排放净化性能的检测和诊断、电控燃油喷射系统检测和诊断、柴油车工作性能的检测和诊断、安全性能检测和诊断、操纵和行驶系统检测和诊断、底盘传动系统状况检测和诊断。

与JT/T 201比较，《规范》增加的检测项目是：排放检测和三效催化装置的作用、电控燃油系统、制动力车轮动平衡、前照灯、柴油车工作系统的检测。

（5）维护前检测、诊断的要求。

①有性能参数要求的一定要用仪器或设备检测。

②强调了合理选择使用符合要求的仪器或设备，保证数据的准确性。

③所检项目的技术要求应符合国家或原厂要求。

（6）附加作业项目确定的原则。

①要根据检测结果、故障诊断为前提。

②确定以消除汽车故障隐患为目的。

（7）二级维护基本作业项目和内容见表3–11。

二级维护基本作业项目 表3–11

序号	维护项目	作业内容	技术要求
1	发动机润滑油、机油滤清器	（1）更换润滑油； （2）视情况更换机油滤清器	（1）润滑油规格性能指标符合规定； （2）液面高度符合规定； （3）机油滤清器密封良好，无堵塞，完好有效
2	检查润滑油油面高度	检查转向器、变速器、主减速器等润滑油规格和液面高度，不足时按要求补给	符合出厂规定
3	空气滤清器	清洁空气滤清器	空气滤清器清洁有效，安装可靠恒温进气装置真空软管安装可靠。进气转换阀工作灵敏、准确

续上表

序号	维护项目	作业内容	技术要求
4	（1）油箱及油管； （2）燃油滤清器； （3）燃油泵	（1）检查接头及密封情况； （2）清洁燃油滤器，并视情更换； （3）检查燃油泵，必要时更换	（1）接头无破损、渗漏，紧固可靠； （2）燃油滤清器工作正常； （3）燃油泵工作正常、油压符合规定
5	燃油蒸发控制装置	检查清洁，必要时更换	工作正常
6	曲轴箱通风装置	检查、清洁	清洁畅通，连接可靠，不漏气，各阀门无堵塞、卡滞现象，灵敏有效，符合规定
7	散热器、膨胀箱、百叶窗、水泵、节温器、传动皮带	（1）检查密封情况、箱盖压力阀、液面高度、水泵； （2）检视皮带外观，调整皮带松紧度	（1）散热器及软管无变形、破损及渗漏，箱盖接合表面良好，胶垫不老化，箱盖压力阀开启压力符合要求，水泵不漏水、无异响，节温器工作性能符合规定； （2）皮带应无裂痕和过量磨损，表面无油污，皮带松紧度符合规定
8	（1）进、排气歧管，消声器，排气管； （2）汽缸盖	（1）检查、紧固，视情况补焊或更换； （2）按规定次序和扭紧力矩校紧汽缸盖	（1）无裂痕、漏气，消声器性能良好； （2）扭紧力矩符合规定
9	增压器、中冷器	检查、清洁	符合规定
10	发动机支架	检查、紧固	连接牢固、无变形和裂缝
11	化油器及联动机构	清洁、检查、紧固	清洁，联动机构运动灵活，连接牢固。无漏油、气现象，工作系统和附加装置工作正常
12	喷油泵、喷油器	检查喷油器和喷油泵的作用，必要时检测喷油压力和喷油状况，视情况调整供油提前角	（1）喷油器雾化良好，无滴油、漏油现象，喷油压力符合规定； （2）供油提前角符合规定
13	分电器、高压线	清洁、检查	分电器无油污，调整触点间隙在规定范围内，无松旷、漏电现象，高压线性能符合规定
14	火花塞	清洁、检查或更换火花塞，调整电极间隙	电极表面清洁，间隙符合规定
15	气门间隙	检查调查	符合规定
16	电控燃油喷射系统供油管路	检查密封状况	密封良好，作用正常
17	三效催化装置	检查三效催化装置的作用，必要的更换	作用正常
18	离合器	检查调整离合器踏板自由行程	离合器踏板自由行程符合规定

续上表

序号	维护项目	作业内容	技术要求
19	前轮制动	（1）检查前轮制动器调整臂的作用	作用正常
		（2）拆卸前轮毂总成、制动蹄、支承销；消洗转向节、轴承、支承销、清洁制动底板等零件	清洁、无油污
		（3）检查制动盘、制动凸轮轴，校紧装置螺栓	（1）制动底板不变形，按规定力矩扭紧装置螺栓； （2）凸轮轴转动灵活、无卡滞，转向间隙符合规定
		（4）检查转向节及螺母、保险片及油封、转向节臂，校紧装置螺栓	（1）转向节无裂纹，螺纹完好，与螺母配合应无径向松旷，保险片作用良好，油封完好不漏油； （2）转向节轴径与轴承的配合间隙符合要求，转向节臂装置螺栓扭紧力矩符合规定
		（5）检查内外轴承	液柱保持架无断裂，滚柱无脱落，无裂损和烧蚀，轴承内圈无裂损和烧蚀
		（6）检查制动蹄及支承销	（1）制动蹄无裂损及明显变形，摩擦片不破裂，铆接可靠，摩擦片厚度符合规定； （2）支承销无过量磨损，支承销与制动蹄承孔衬套配合间隙符合规定
		（7）检查制动蹄复位弹簧	复位弹簧应无明显变形，自由长度、拉力符合规定
		（8）检查前轮毂、制动鼓及轴承外座圈，校紧轮胎螺栓内螺母	（1）轮毂无裂损； （2）轴承外座圈无裂纹，无麻点，无烧蚀； （3）制动鼓无裂纹，外边缘不得高出工作表面，检视孔完整，内径尺寸、圆度误差、左右内径差符合规定； （4）轮胎螺栓齐全完好，规格一致，按规定力矩扭紧
		（9）装复前轮毂、调整前轮轴承松紧度及制动间隙	（1）装复支承销，制动蹄支承销孔均应涂润滑脂，开口销或卡簧齐全有效； （2）润滑轴承； （3）制动鼓、制动片表面清洁，无油污； （4）制动片与制动鼓的间隙应符合规定，转动无碰擦现象或声响，检视孔挡板齐全； （5）轮毂转动灵活，用拉力计测量时可转动，且无轴向间隙； （6）保险可靠，防尘罩、衬垫完好，螺栓垫圈齐全紧固（螺栓规格一致）

续上表

序号	维护项目	作业内容	技术要求
20	后轮制动	（1）拆半轴、轮毂总成、制动蹄、支承销，清洗各零件及制动底板、半轴套管	（1）轮毂通气孔畅通； （2）各零件及制动盘、后桥套管清洁无油污
		（2）检查制动底板、制动凸轮轴，校紧连接螺栓	（1）制动底板不变形，连接螺栓按规定力矩紧固； （2）凸轮轴转动灵活，无卡滞，轴向间隙和径向间隙符合规定
		（3）检查后桥半轴套管、螺母及油封	（1）套管无裂纹及明显松动，与螺母配合无径向松旷； （2）油封完好，无损坏，无漏油； （3）套管颈与轴承配合间隙符合规定
		（4）检查内外轴承	（1）轴承保持架无断裂，滚柱不脱落，无裂损和烧蚀； （2）轴承内座圈无裂纹、烧蚀
		（5）检查制动蹄及支承销	（1）制动蹄无裂纹及变形，摩擦片不破损，铆接可靠，摩擦片厚度符合规定； （2）支承销与制动蹄承孔衬套配合间隙符合规定； （3）支承销无过量磨损
		（6）检查制动蹄复位弹簧	复位弹簧无变形，自由长度符合规定，拉力良好
		（7）检查后轮毂、制动鼓及轴承外座圈，检查扭紧半轴螺栓，检查轮胎螺栓，校紧内螺母	（1）轴毂无裂损； （2）轴承外座圈不松动，无损坏； （3）制动鼓无裂纹，内径、圆度误差、左右内径差符合规定，外边缘不得高出工作表面，制动鼓检视孔完整； （4）半轴螺栓齐全有效
		（8）检查半轴	半轴无明显变曲，不磨套管，无裂纹，花键无过量磨损或扭曲变形
		（9）装复后轮毂，调整制动间隙	（1）装复支承销、制动蹄片时，承孔均应涂润滑脂，开口销或卡簧齐全可靠； （2）润滑轴承； （3）套管轴颈表面应涂机油后再装上轴承； （4）制动蹄片、制动鼓面应清洁，无油污； （5）制动蹄片与制动鼓的间隙应符合规定，转动无碰擦现象和声响，检视孔挡板齐全紧固； （6）轮毂转动灵活，拉力符合规定； （7）锁紧螺母按规定力矩扭紧
21	转向器、转向传动机构	（1）检查转向器传动机构的工作状况和密封性，校紧各部螺栓； （2）检查调整转向盘自由转动量	转向盘自由转动量符合规定，转向轻便、灵活，无卡滞和漏油现象，垂臂及转向节臂无弯曲及裂损，各部螺栓连接可靠

续上表

序号	维护项目	作 业 内 容	技 术 要 求
22	前束	调整	符合规定
23	变速器、差速器	检查密封状况和操纵机构，清洁通气孔	密封良好，通气孔畅通，操纵机构作用正常，无异响、跳动、乱挡现象
24	传动轴、传动轴承支架、中间轴承	（1）检查防尘罩； （2）检查传动轴万向节工作状况； （3）检查传动轴承支架； （4）检查中间轴承间隙	（1）防尘罩不得有裂纹、损坏，卡箍可靠，支架无松动； （2）万向节不松旷，无卡滞，无异响； （3）传动轴承支架无松动； （4）中间轴承间隙符合规定
25	空气压缩机、储气筒	清洁，校紧	清洁、连接可靠，无漏气，安全阀工作正常
26	制动阀、制动管路、制动踏板	（1）检查制动踏板自由行程； （2）检查紧圆制动阀和管路接头； （3）液压制动检查制动管路内是否有气	（1）制动踏板自由行程符合规定； （2）制动阀和管路接头连接可靠，无漏气； （3）液压制动管路内无气
27	驻车制动	检查驻车制动性能，检查驻车制动器自由行程	符合规定、作用正常
28	悬架	检查、紧固，视情况补焊、校正	不松动，无裂纹，无断片，按规定扭紧力矩紧固螺栓
29	轮胎（包括备胎）	检查紧固，补气，进行轮胎换位，磨损严重时更换轮胎	气压符合规定，清洁，无裂损、老化、变形，气门嘴完好，轮胎螺栓紧固，轮胎的装用符合规定
30	发电机、发电机调节器、启动机	清洁、润滑	符合规定
	蓄电池	检查，清洁，补给	清洁、安装牢固，电解液液面符合规定
31	前照灯、仪表、喇叭、刮水器、全车电器线路	检查、调整，必要时修理或更换	（1）前照灯、喇叭、各仪表及信号装置功能齐全、有效，符合规定； （2）刮水器电机运转无异常，连动杆连接可靠； （3）全车线路整齐，连接可靠，绝缘良好
32	车身、车架、安全带	检查、紧固	性能可靠，工作良好无变形、断裂、脱焊、连续螺栓、铆钉紧固
33	内装饰	检查、紧固	设备完好，无松动
34	空调装置	检查空调系统工作状况、密封状态	（1）制冷系统密封，制冷效果良好； （2）暖气装置工作正常
35	润滑	全车加注润滑脂的部位全部润滑	润滑脂嘴齐全有效，润滑良好

注：技术要求栏中的“符合规定”指符合实际应用中有关技术规定或技术要求。

从表3-11中可看出：本《规范》与JT/T 201比较，删去的拆检项目是油底壳、飞轮底壳 、横直拉杆、后桥、发电机、启动机，进一步强调了不解体维护的原则。

增加的维护项目是燃油蒸发控制装置、增压器、中冷器、喷油器、喷油泵 、电控燃油喷射系统供油管路、三效催化装置、驻车装置、空调装置，对安全、环保、节能提出了更高要求。

（8）过程检验。过程检验是汽车在二级维护过程中对其质量进行的全过程检验。

过程检验应明确的三点要求：

①维护作业全过程始终要实施跟踪检验（基本作业和附加作业）。

②要做过程检验记录，特别对有配合间隙、调整数据或拧紧力矩等技术参数的项目要有确切的数据记载。

③明确过程检验的技术标准。

（9）竣工检验。竣工检验是对汽车二级维护作业质量和汽车各项技术性能的综合性检测。

竣工检验特点：

①是对汽车整车各项技术性能指标的综合性检验。

②竣工检验手段有人工检视、路试和仪器设备检测三部分，凡有量化指标要求的均需使用仪器或设备。

③体现了对整车性能和对安全与环保的要求。

6《规范》附录

附录A是一个提示附录，它指明了如何运用《规范》导出的各种车型的维护、检测、诊断技术规范，附录A共2条。依据附录A的精神和汽车制造厂提供的各车型维护作业要求，交通部组织制订并发布了《主要车型维护基本作业规程》，作为实际操作的文本，规程规定的车辆维护周期、作业深度是建立在对各类车型大量实验和验证的工作基础上，进行优化类比之后确定的。首批发布的共47个车系150余种主要车型，基本涵盖了目前国内在用汽车保有量较大、技术含量较高的车型。

第七节 《汽车大修竣工出厂技术条件》、《商用汽车发动机大修竣工出厂技术条件》

一 汽车大修竣工出厂技术条件

中华人民共和国国家标准《汽车大修竣工出厂技术条件》（GB/T 3798—2005）

由国家质量监督总局、国家标准化委员会于2005年3月21日发布，于2005年8月1日实施。

1 基本内容

《汽车大修竣工出厂技术条件》分为《GB/T 3798.1—2005汽车大修竣工出厂技术条件 第1部分：载客汽车》和《GB/T 3798.2—2005汽车大修竣工出厂技术条件 第2部分：载货汽车》两部分，把汽车分为载客汽车和载货汽车。载客汽车是指在设计和技术特性上用于载运乘客及其随身行李的，包括驾驶员座位在内座位数超过9座的汽车。载货汽车是指在设计和技术特性上主要用于运送货物的汽车。汽车大修目的是指用修理或更换汽车零部件的方法，达到完全或接近完全恢复车辆技术性能。汽车大修主要包括汽车和总成解体、零件清洗、零件检验分类、零件修理、配套和装配、总成磨合和测试、整车组装和调试等。

2 汽车大修基本要求

（1）外观及附属设备要求。

①整车外观：应整齐、清洁、附件完好。

②喷漆：各总成应按规喷漆，漆面应平滑光亮、色泽均匀、边界整齐、无起泡龟裂、无刮伤、无皱纹、无流痕及漏漆。

③车身及钣金：形状正确、曲面圆顺、蒙皮平整。

④门窗罩盖：启闭灵活、关闭严密、锁止可靠、不松旷、玻璃透明不炫目。

⑤内装修：干净整洁，无破损，配件齐全（螺钉、垫圈、摇把手柄、胶套等）。

⑥座椅：包平挺括、调节灵活、锁止可靠。

⑦后视镜：成像清晰、灵活、安装定位牢固。

（2）一般修理质量，装配质量要求。

①紧固件：应齐全，按规定力矩紧固，锁止可靠（重点检查：转向机、横直拉杆、传动轴、U型螺栓等）。

②四不漏检查（油、气、水、电）。润滑油、冷却水密封结合处允许有不致形成滴状的浸渍。

③润滑及添加作业。全部油嘴齐全，润滑各种用油、用液符合要求（品种、季节、容量）。

④左右对称：左右翼板离地高度差<8mm。（EQ140：左右翼板高度<10mm，货厢驾驶室左右高度差<20mm）。

⑤其他：如各种管道安装正确，卡装牢固，不碰擦。

3 各总成机构要求

（1）发动机总成件需要满足：启动性能，怠速运转，机油压力，汽缸压缩压力，进气管真空度，尾气排放检测，发动机响声和火花塞状况良好，满足动力要求。

（2）转向操纵机构需满足：

①各连接部位不松旷、锁止可靠，不干涉。

②转向机构操纵轻便灵活，行驶中无跑偏、摇摆现象。

（3）传动机构要求：

①离合器操作正常，自由行程满足工作要求。踏板及各连接部位的孔和销配合符合要求，分离叉轴与衬套的配合间隙满足工作要求。

②变速器无泄漏，无异响、跳挡、过热现象。各部位螺栓齐全有效。各齿轮、轴承、同步器、变速叉及轴等无超标磨损、变形或损伤。自锁、互锁正常。

③最大转向角28° 40′，车轮无碰擦。

④传动轴完好，动平衡并符合标准要求。各部件连接可靠，无异响。

⑤主减速器、差速器和轮边减速器应无异响，不过热。

（4）行走机构要求：

①车轮总成摆动量和径向跳动量满足要求。

②轮胎花纹搭配合理（同轴两侧应相同），深度符合要求；轮胎气压合理，外观完好。

③转向节与衬套的配合及轮毂轴承预紧度满足要求。

（5）制动机构要求：

①制动系装备工作正常，无自行制动现象。

②制动踏板工作正常，自由行程、有效行程满足相关要求。

③驻车制动操纵杆的有效行程应符合要求。

④装有排气制动的柴油车，当排气制动装置关闭3/4行程时，联动机构应使喷油泵完全停止供油；而当排气制动装置开启时，又能正常供油。

（6）车架、车身、驾驶室要求：

①车架纵梁上平面及侧面的纵向直线度公差和总成左、右纵梁上平面度满足要求。

②车身、驾驶室、货厢应平整完好，无变形、裂损、锈蚀等缺陷，且左右对称，各对称部位离地面高度差：货厢不大于20mm，其他不大于10mm。

③内、外装饰件外观应平顺贴合，紧固件整齐牢固；电镀、铝质装饰件应光亮，无锈斑、脱层、划痕。

④座椅可调节部位、应调节灵活、锁止有效。

⑤可开启式门窗应开闭轻便、关闭严密、锁止可靠、合缝均匀、不松旷；门把、玻璃升降器齐全完好、灵活有效。

⑥门窗玻璃满足要求，门窗及防尘、防雨密封设施应齐全、完好。

（7）照明和信号装置及其他电气设备要求：

①全车电气线路应布置合理、连接正确；线束包扎良好、牢固可靠；线束通过孔洞处应有防护装置且离热源距离合理。

②熔断丝及继电器的使用应符合原设计规定。

③信号、电器设备等及其控制装置有效，各元器件性能良好。

④前照灯光束的照射位置和发光强度满足要求。

⑤蓄电池外观应整洁、安装牢固，桩头完好、正负极标志分明，工作正常。

（8）车辆性能指标：动力性，经济性，排放性能，制动性能，滑行性能，转向轻便性，汽车噪声、喇叭声声级满足国家相关标准。

4 质量保证

（1）使用管理软件，车辆维修全过程由业务接待进行控制，车辆维修记录自动生成，业务接待可全程跟踪大修车辆，均可方便查询历史记录，一旦出现质量问题，即可进行分析处置。

（2）使用委托修理单和派工单，全程坚持自检互检和专职检验结合的检验制度，并落实责任人进行签字确认。

（3）汽车大修质量的保证体系如图3-6所示。

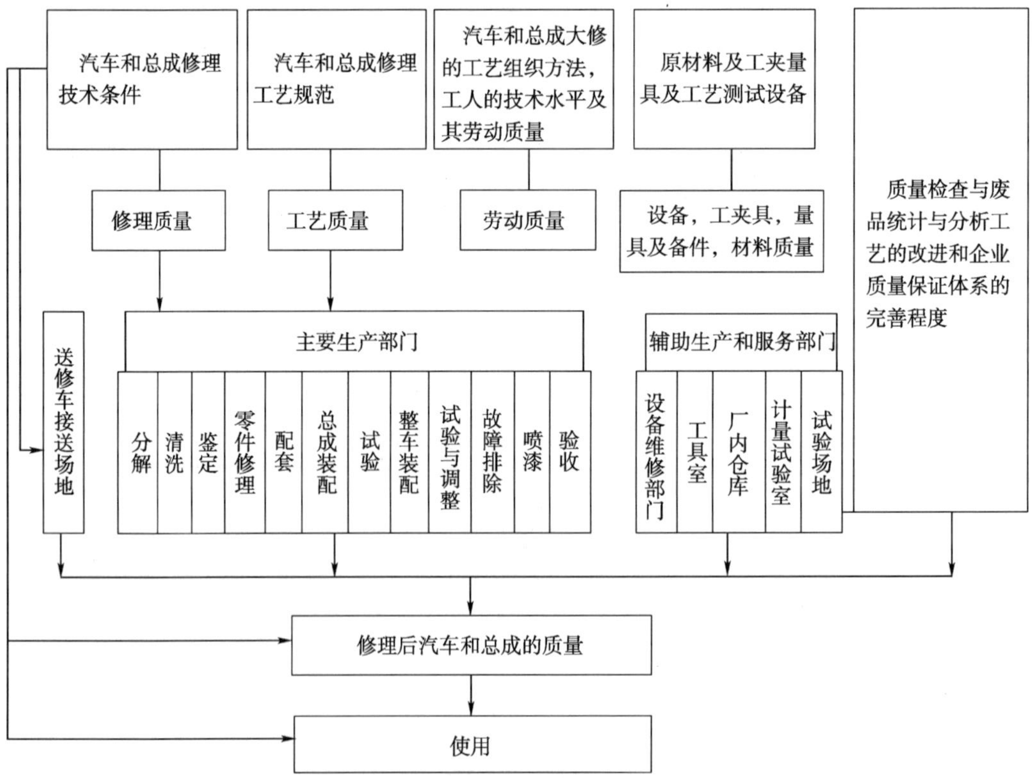

图3-6　汽车大修质量保证体系

（4）大修竣工出厂的汽车，经检验合格，应签发“汽车大修出厂合格证”及有关技术文件。

（5）对大修竣工的汽车应给予质量保证，主要总成部件的质量保证期自出厂之日起，不少于半年或行驶里程不少于20000km（以先到者为准）。

二 商用汽车发动机大修竣工出厂技术条件

中华人民共和国国家标准《商用汽车发动机大修竣工出厂技术条件》（GB/T 3799—2005）由国家质量监督总局/国家标准化委员会于2005年3月21日发布，于2005年8月1日实施。

1 基本内容

《商用汽车发动机大修竣工出厂技术条件》（以下简称《标准》）分为两个部分：第1部分为汽油发动机；第2部分为柴油发动机。本标准代替《汽车发动机大修竣工技术条件》（GB/T 3799—1983）中有关柴油发动机大修竣工技术条件的内容。

《标准》与GB/T 3799—1983中的有关内容相比主要变化如下：

（1）增加了关于柴油发动机增压的相关内容。《标准》规定：带有增压或中冷增压的发动机，增压装置应按原厂规定进行装配和检验，增压器工作应正常，转速应达到原设计规定。具有增压器旁通管道控制的发动机，旁通管道的开启与关闭应灵活可靠，开启及关闭的转速应符合原设计规定。

（2）对大修竣工后的柴油发动机的性能要求参数值进行了修订。

（3）对竣工检验条件提出了更科学合理的要求。

（4）增加了关于对不同海拔高度功率、转矩修正系数的内容。标准中规定：海拔高度为1000m修正系数K为0.93，海拔高度为2000m修正系数K为0.85，海拔高度为3000m 修正系数K为0.77，海拔高度为4000m修正系数K为0.69，海拔高度为5000m修正系数K为0.61。

2 主要内容介绍

（1）发动机大修竣工出厂技术要求。发动机大修竣工技术要求分为发动机外观、发动机装备和发动机性能三个方面。

其中发动机性能又包括发动机运转状况及检查、启动性能、怠速运转性能、进气歧管真空度、增压发动机的增压压力及温度、机油压力、额定功率和最大转矩、最低燃料消耗率和机油消耗量、排放性能、噪声、电子控制燃油喷射系统，其技术要求应符合相应规定。

（2）发动机大修竣工出厂质量保证。

①承修单位应按要求对大修竣工发动机额定功率、最大转矩、燃料经济性进行检

验，并达到本部分相应条款规定的要求。

②发动机的装配过程中，要根据工艺要求进行过程检验并保持记录，过程检验合格的发动机进行下一步装配，装配完成后进行竣工检验，经竣工检验合格的发动机应签发合格证，并提供必要的技术文件。

③发动机维修技术资料应归档管理，包括发动机型号、编号、送修单位、送修人、维修过程中的更换件、维修部位、工时、人员、检验结果、判定依据和维修日期等。发动机维修、检验记录文件参见《标准》附录A。

④承修单位对大修出厂的发动机应给予质量保证，质量保证期自竣工之日起，不少于半年或行驶里程不少于20000km（以先到者为准）。送修方应按技术文件要求进行使用和维护。

（3）发动机大修竣工出厂包装规定。如送修方提出包装要求，承修单位应对发动机进行包装并填写装箱单。发动机包装前应放掉润滑油和冷却液，并堵封好外露通孔。包装应牢固，采取防潮防锈措施。外包装上注明有关名称、型号、送修和承修单位、日期、注意事项等信息。

第四章 价格结算知识

本章重点介绍价格结算员应具备的价格结算基本知识和计算方法。通过对本章的学习，价格结算员能够掌握必备的价格结算知识，提高自身的业务素质。

第一节 价格结算基本知识

一 一般财务知识

1 票据

1 发票

发票是单位和个人在购销商品、提供或者接受服务以及从事其他经营活动中，开具、取得的收付款凭证。发票根据其作用、内容及使用范围的不同，可以分为普通发票和增值税专用发票两大类。

（1）普通发票。

开具发票有如下的一般规定：

①发票限于领购单位和个人自己使用，不准买卖、转借、转让、代开。向消费者个人零售小额商品，也可以不开发票，如果消费者索要发票不得拒开。

②开具发票要按规定的时限、顺序，逐栏、全部联次一次性如实开具，并加盖单位财务印章或者发票专用章。未经税务机关批准，不得拆撕本使用发票。

③填开发票的单位和个人必须在发生经营业务确认经营收入时开具发票，未发生经营业务一律不准开具发票。发票只能在工商行政管理部门发放的营业执照上核准的经营业务范围内填开，不得自行扩大专业发票使用范围。填开发票时，不得按照付款

方的要求变更商品名称、金额。

④开具发票应当使用中文。民族自治地方可以同时使用当地通用的一种民族文字，外商投资企业和外国企业可以同时使用一种外国文字。

开具发票有如下的特殊规定：

①用票单位和个人在整本发票使用前，要认真检查有无缺页、缺号，发票联有无发票监制章或印刷不清楚等现象，如发现问题应报告税务机关处理，不得使用。整本发票开始使用后，应做到按号顺序填写，填写项目齐全，内容真实，字迹清楚，填开的发票不得涂改、挖补、撕毁，如发生错开现象，应将发票各联完整保留，书写或加盖“作废”字样。

②开具发票后，发生销货退回的，在收回原发票并注明“作废”字样或取得对方有效证明后，可以填开红色发票；发生销售折让的，在收回原发票并注明“作废”字样后，重新开具销售发票。

③使用计算机开具发票，须经主管税务机关批准，并使用税务机关统一监制的机打发票，开具后的存根联要按照顺序号装订成册。

（2）增值税专用发票。

增值税专用发票是为加强增值税的征收管理，根据增值税的特点而设计的，专供增值税一般纳税人销售货物或应税劳务使用的一种特殊发票。增值税专用发票只限于经税务机关认定的增值税一般纳税人领购使用。

增值税一般纳税人在填开增值税专用发票时的注意事项如下：

①使用国家税务总局统一印制的专用发票，不得开具伪造的增值税专用发票。

②按规定的使用范围、时限填开。

③字迹清楚、项目填写齐全、内容正确无误。

④不得涂改。如果填写有误，应另行开具增值税专用发票，并在填写错误的专用发票上注明“误填作废”四字。如果专用发票填开后因购货方不索取而成为废票的，也应按填写有误办理。

⑤一份发票应一次填开完毕，各联内容、金额完全一致。

⑥发票联、抵扣联加盖开票单位的财务专用章或发票专用章。

⑦不得拆撕。

开具增值税专用发票的具体要求如下：

“销售单位”和“购货单位”栏要写全称，“纳税人登记号”栏必须填写购销双方新15位登记号码，否则不得作为扣税凭证。

①“计量单位”栏应按国家规定的统一计量单位填写，“数量”栏按销售货物的实际销售数量填写，“单价”栏必须填写不含税单价，纳税人如果采用销售额和增值

税额合并定价方法的，应折算成不含税价。

②“金额”栏的数字应按不含税单价和数量相乘计算填写，其计算公式为：

“金额”栏数字=不含税单价×数量

③“税率”栏除税法另有规定外，都必须按税法统一规定的货物的使用税率填写。

④“税额”栏数字应按“金额”栏数字和“税率”栏数字相乘计算填写。计算公式为：

“税额”栏数字=“金额”栏数字×“税率”栏数字

或　“税额”栏数字=单价×数量×“税率”栏数字

⑤税务所为小规模企业代开增值税专用发票，应在专用发票“单价”栏和“金额”栏内分别填写不含其本身应纳税额的单价和销售额；“税率”栏填写增值税征收率6%；“税额”栏填写其本身应纳税的税额，即按销售额依照征收率计算的增值税额。

增值税专用发票的开具时限规定如下：

①采用预收货款、托收承付、委托银行收款结算方式销售货物的，专用发票的开具时间为货物发出的当天。

②采用交款提货结算方式销售货物的，专用发票的开具时间为收到货款的当天。

③采取赊销、分期付款结算方式销售货物的，专用发票的开具时间为合同约定收款日期的当天。

④采用其他方式销售货物、应税劳务或按税法规定其他视同销售货物的行为应当开具专用发票的，应于货物出库、转移或劳务提供的当天填开专用发票。

⑤纳税人销售货物并向购货方开具发票后，发生退货或销售折让时，应根据具体情况来办理。

⑥购货方尚未付款，并且未做账务处理的情况下发生退货，销货方应收回原填开的专用发票的发票联和抵扣联，在各联上都注明“作废”字样，作为扣减当期销项税额的凭证。

⑦购货方尚未付款，并且未做账务处理的情况下发生销售折让，销售方收回原填开的专用发票，该折让后的货款重新填开专用发票。

⑧购货方已付货款，或者货款未付但已做账务处理的情况下发生退货或销售折让，发票联及抵扣联无法退还，这时购货方必须取得主管税务机关开具的《进货退出及索取折让证明单》，送交销货方作为其开具红字专用发票的依据。红字专用发票的存根联、记账联作为销货方扣减退货当期销项税额的凭据；发票联和抵扣联作为购货方扣减进项税额的凭证。

2 税票

税票是税务机关征收税款时所用的专用凭证。它是一种可以无偿收取货币资金的凭证。税票填用后成为征纳双方会计核算的原始凭证。税票是纳税人履行纳税义务的唯一合法凭证。

（1）税票的种类。1994年国家税务总局制定了全国统一的税收票证式样，共21种。按税票的征款方式不同，可分为3类。

①税收缴款书类。包括税收缴款书、出口产品税专用缴款书、固定资产投资方向调节税专用缴款书和税收汇总专用缴款书共4种。

②税收完税证类。包括税收完税证、税收定额完税证、车船使用税定额完税证、代收代扣税款凭证和印花税票共5种。

③纳入票证管理的其他票证类。包括税收罚款收据、税收收入退还书、小额税款退税凭证、出口产品完税分割单、固定资产方向调节税零税率项目凭证、税票调换证、纳税保证金收据、印花税票销售凭证、税收票证监制章、征税专用章、印花税收讫专用章、车船使用税完税和免税票共12种。

（2）税票的填写。首先应了解各种票证的内容、用途及填写规定，然后逐项逐栏如实填写。

3 支票

支票是出票人签发的，委托办理支票存款业务的银行在见票时，无条件支付确定金额给收款人或持票人的票据，支票无金额起点。

（1）支票的种类。支票按支付方式，可分为现金支票和转账支票。

①现金支票。支票上印有“现金”字样的支票，它只能用于支取现金。

②转账支票。支票上印有“转账”字样的支票，它只能用于转账，不能支取现金。

（2）支票的填写。

①填写要求。

为了防止涂改支票，必须做到标准化、规范化、要素齐全、数字正确和字迹清晰。签发支票应使用墨汁或碳素墨水填写。为了防止编造票据的出票日期，必须用中文大写。

②填写日期。

填写日期时，月为壹、贰和壹拾的，日为壹至玖和壹拾、贰拾和叁拾的，应在其前加“零”；日为拾壹至拾玖的，应在其前加“壹”。填写日期时填写位置要规范，不得出现错位、挤压现象，否则就是无效支票。

③金额。大写应用正楷或行书填写。大写填写时应紧接“人民币”字样填写，不

得留有空白。数字到“元”为止的，在“元”之后必须加“整”；数字到“角”、“分”为止的，“角”、“分”后不可以加“整”。

小写应使用阿拉伯数字填写，均应在小写数字前填写人民币符号“¥”。

（3）支票的有效期。自出票日起10日内有效，超出有效期的支票为无效支票，银行不予以受理。

（4）支票的背书。

①持票人向其开户行提示付款的，不需做委托收款背书（又称主动付款，出票人主动到自己的开户行送交支票，付款给收款人）。

②委托收款背书。被背书人栏填写收款人开户银行的名称；签章栏填写“委托收款”字样并签章。

③支票转让背书。背书应当连续，也就是指在转让中，转让支票的背书人与受让支票的背书人在支票上的签章，依次前后衔接。

（5）支票的挂失。丢失支票之后，可以依据《中华人民共和国票据法》的规定，及时通知付款人或代理付款人挂失止付。

挂失支票的条件是支票的各项要素必须齐全。在挂失时应填写挂失止付通知书并签章。填写内容包括支票丢失的时间和事由，支票的种类、号码、金额、出票日期、付款日期、付款人名称和收款人名称，挂失止付人的名称、营业场所、住所及联系方法。需要交纳票面金额1%，但不低于5元的手续费，并立即到人民法院办理挂失止付。银行暂停止付权限为12日，在这12日内银行没有收到人民法院的止付通知书，自第13日起，挂失止付通知书失效。在失票人到银行办理挂失止付之前，此支票已经依法向持票人付款了，就不再办理挂失止付了。

（6）支票的交存。

①收款人交存支票时应填写二联银行进账单，然后连同支票一并交付银行办理，银行签章后退回一联。

②收款人和出票人在同一行开户的，收款和付款都是当时入账。

（7）支票的有效性。出票日期、收款人名称和出票金额，这三项记载缺一不可，否则就是无效支票，银行不予以受理。

（8）禁止签发的支票。

①签发支票的金额不得超过付款人实有的存款金额（空头支票）。

②支票的出售人预留银行签章是银行审核支票付款的依据，因此出票人不得签发与其预留银行签章不符的支票。

③银行还可以审核与出票人约定的使用支付密码，出票人不得签发密码错误的支票。

以上3种情况，即签发空头支票、印鉴不符和密码错误，根据人民银行的规定，银行应予以退票，并收取票面金额的5%，但不低于1000元的罚款。

4 银行汇票

银行汇票是出票银行签发的，由其在见票时按照实际结算金额无条件支付给收款人或者持票人的票据。银行汇票的出票银行为银行汇票的付款人。单位和个人任何款项结算，均可采用银行汇票。银行汇票可以用于转账，也可以填写“现金”字样的银行汇票用于支取现金。

（1）银行汇票的要素：要标明“银行汇票”字样、出票金额、付款人名称、收款人名称、出票日期、出票人签章、无条例支付的承诺等，欠缺诸要素之一的银行汇票无效。

（2）银行汇票的有效期：自出票日起一个月。持票人超过付款期限提示付款的，代理付款人不予以受理。

（3）银行汇票的办理。申请人使用银行汇票，应向出票银行填写“银行汇票申请书”，填明收款人名称、汇票金额、申请人名称、申请日期等项目并签章，要预留银行的签章。若申请人和收款人均为个人，需要使用银行汇票向代理付款人（兑付行）支取现金的，申请人应在“银行汇票申请书”上注明代理付款人名称，在“汇票金额”栏先填写“现金”字样，后填写汇票金额。

申请人或收款人为单位的，不得办理“现金”汇票。

签发转账银行汇票，不得填写代理付款人（兑付行）名称；签发现金银行汇票，申请人和收款人必须均为个人，在银行汇票“出票金额”栏填写“现金”字样后，填写出票金额，并填写代理付款人名称。

（4）银行汇票的解付。

①收款人收到银行汇票之后，应在出售金额之内，将实际结算金额和多余金额准确、清晰地填入银行汇票和解讫通知的有关栏内。未填写实际结算金额和多余金额，或者实际结算金额超出票面金额的银行汇票，银行不予受理。

②银行汇票实际结算金额不得更换，更改实际结算金额的银行汇票无效。

③持票人向银行提示付款时，必须同时提交银行汇票和解讫通知，缺少任何一联，银行不予受理。

④持票人向银行提示付款时，应在汇票的背面“持票人向银行提示付款签章”处签章，签章须与预留银行签章相同，并将银行汇票、解讫通知和进账单一同送交银行。

⑤持票人是未在银行开立账户的个人，可以向选择的任何一家银行提示付款。提示付款时，应在汇票的背面“持票人向银行提示付款签章”处签章，并填写本人身份

证名称、号码及发证机关，由其本人向银行提交本人身份证及其复印件。

银行汇票的实际结算金额低于出售金额，即有多余金额的，其多余金额由出票银行退交申请人。

⑥申请人因银行汇票超过付款提示期限或因其他原因要求退款时，应将银行汇票和解讫通知同时提交到出票银行，做未用退回处理。申请人为单位的，应出具该单位的证明；申请人为个人的，应出具本人的身份证件。此证明或证件也同时提交出票银行。

⑦银行汇票的背书和挂失与支票相同。

2 税收

（1）税务登记。税务登记是税务机关依法对纳税人与履行纳税义务有关的生产经营情况及其税源变化情况进行登记的管理活动。

①税务登记的范围。凡经国家工商行政管理部门批准，从事生产、经营的纳税人，都属于税务登记的范围，均应按规定向当地税务机关申报，办理税务登记。

②税务登记的内容包括以下三项：开业税务登记，从事生产经营的纳税人，应当在规定的时间内向税务机关书面申报办理税务登记；变更或注销税务登记，当税务登记内容发生变化时，纳税人在工商行政管理机关办理注册登记的，应当自工商行政管理机关办理变更登记起30日内，持有关证件向原税务机关申报办理变更税务登记；纳税人不需要在工商行政管理机关办理注册登记的，应当自有关机关批准或者宣布变更之日起30日内，持有关证件向原税务机关申报办理变更税务登记。

（2）纳税申报。纳税人办理纳税申报时，应当如实填写纳税申报表，并根据不同情况相应报送下列有关证件和资料：

①财务、会计报告表及其说明材料；

②与纳税有关的合同、协议书；

③外出经营活动税收管理证明；

④境内或境外公证机构出具的有关证明文件；

⑤税务机关规定应当报送的其他有关证件、资料；

⑥纳税申报的时间和期限。

（3）适用税种与税率。我国现行使用的税种有增值税、消费税、营业税、资源税、外国投资企业和外国企业所得税、固定资产投资方向调节税、城市维护建设税、城镇土地使用税、房地产税、车船使用税、印花税、土地增值税、契税和进出口关税等。税率是应纳税额与征税对象之间的比例，是计算税额的尺度，反映了征税的深度。在征税对象数额已定的情况下，税率的高低决定了税额的多少。

我国税率分为3种，即比例税率、累进税率和定额税率。

①比例税率是对同一征税对象，不论数额多少，按照所需税目，都按同一个比例征税。这种税率在税额和征税对象之间的比例是固定的。

②累进税率是按照征税对象的数额大小或比率高低，划分为若干等级，每个等级由低到高规定相应的税率。税率与征税对象数额或比率成正比，征税对象数额越大、比率越高，税率越高；反之，税率就越低。

③定额税率是按征税对象的一定计量单位直接规定一定数量的税额，而不是征收比例。

3 财务结算

（1）同城结算与异地结算。按国内转账结算交易双方所处的地理位置分为同城结算与异地结算两种。

①同城结算，是指同一城镇内各单位之间发生经济往来而要求办理的转账结算。同城结算有支票结算、委托付款结算、托收无承付结算和同城托收承付结算等。其中支票结算是最常用的同城结算。

②异地结算，是指异地各单位之间发生经济往来而要求办理的转账结算。异地结算的基本方式有异地托收承付结算、信用证结算、委托收款结算、汇兑结算、银行汇票结算、商业汇票结算、银行本票结算和异地限额结算等。其中，异地托收承付结算、汇兑结算、银行汇票结算、商业汇票结算和银行本票结算是最常用的异地结算手段。

（2）现金结算与转账结算。货币结算按其支付方式的不同，可分为现金结算和转账结算。

①现金结算是发生经济行为的关系人直接使用现金结清应收应付款的行为。

②转账结算是发生经济行为的关系人使用银行规定的票据和结算凭证，通过银行划账方式，将款项从付款单位账户划到收款单位账户，以结清债权债务的行为。转账结算是货币结算的主要方式。转账结算的主要工具有支票、汇兑、委托收款、银行汇票、商业汇票、银行本票和信用卡7种。支票结算是最常用的转账结算方式。

（3）支票结算流程。

①开立账户办理结算。

②付款人根据商品交易、劳务供应或其他经济往来向收款人签发支票。

③收款人将商品发运给付款人，或向付款人提供劳务服务。有时根据实际情况，收款人在未接到支票的情况下，也可先提供商品或劳务服务，后收取支票。

④收款人将支票送交开户银行入账。

⑤收款人开户银行向付款人开户银行提出清算。

⑥付款人开户银行根据有关规定计划转货款或劳务服务款。

⑦收款人开户银行给收款人收妥款项后，通知收款人入账。

⑧付款人与开户银行定期对账。

二 汽车维修价格结算的基本知识

1 汽车维修价格预算

汽车维修价格的预算，是汽车维修价格结算的前期工作。依据有关规定，托修方在接受维修服务之前有权知道该次维修的价格范围。

（1）汽车维修价格预算的定义。维修价格预算是指汽车维修企业作为承修方与托修方在签订汽车维修合同之前，根据汽车维修前技术状况的鉴定，对所列出的维修项目进行维修费用的估算。

（2）汽车维修价格预算的流程和依据。汽车维修价格预算时，先由汽车维修企业的维修业务接待员或专职检验员进行待修车的进厂检验和检测工作，认真听取托修方对车况的陈述，并作必要的检验和不解体检测。介绍维修方案，与托修方共同确定维修项目，再根据所列的项目清单，确定维修工艺过程中所牵涉的工种，预计所需更换的材料费和加工费。然后根据维修工时定额规范及本企业收费规范，计算出将发生的维修预算总费用。

2 汽车维修价格结算

汽车维修价格结算，是在承修车辆维修竣工交付使用时，由承修方对车辆维修作业所产生的全部工时费、材料费、检测费、诊断费、加工费及其他各种费用，用统计的方法计算出来，向托修方收取全部费用的结算过程。

1 汽车维修价格结算的特点

（1）合法性。汽车维修价格结算必须遵循国家有关价格法律法规和行业管理规章，并承担相应的法律责任。要做到明码实价，公开服务项目和收费标准，公平合理收费，不强迫对方接受不合理的价格，不见危加价，不见生欺客，不夸大维修项目，不隐瞒本企业无能力承修的项目，不接受超出经营范围的维修项目，不得使用假冒伪劣配件维修机动车。应当建立采购配件登记制度，记录购买日期、供应商名称和地址、产品名称及规格型号等，并查验产品合格证等相关证明。对于换下的配件、总成，应交托修方自行处理，并将原厂配件、副厂配件和修复配件分别标识，明码标价，供客户选择。

（2）准确性。汽车维修价格结算工作务必做到统计准确，每项收费有凭有据，做到不错收、漏收或重复收费。

2 汽车维修收费方式

经营者制定机动车维修服务价格可采用综合价格或分类价格的计价方式。

综合价格是指经营者在机动车维修服务中，对某项维修作业所需的工时费和材料费等各项费用实行包干计价而形成的价格。实行综合价格计价方式的，经营者不得收取除综合价格以外的任何费用。

分类价格是指经营者在机动车维修服务中，对维修作业的工时费、材料费及其他费用分别计价而形成的价格。分类价格收费的汽车维修企业可按机动车维修协会等行业中介组织统一制定的标准执行，也可按经营者报所在地维修行业管理部门备案后的标准执行，也可按机动车生产厂家公布的标准执行。当与上述标准不一致时，优先采用经营者所在地维修行业管理部门备案的标准执行。若无上述所列执行标准，可按照同类企业标准执行，但必须明示，并报所在地维修行业管理部门备案后，方可执行。

案例五

2013年3月12日早上9点左右，一辆黑色比亚迪轿车去某汽车维修企业，要求做50000km维护，并指出车辆低速启动发抖，建议进行检查。经过相关维护，车辆恢复良好状况，引导客户进行费用结算。本次维护主要涉及以下内容：该企业执行江苏省交通运输协会发布的《江苏省机动车维修结算工时定额及收费指南》（2004年版本），更换机油、机滤共3个工时，更换空气滤芯1个工时，更换变速器、差速器油6个工时，检查制动器、检查火花塞免工时，合计工时10个，工时单价为15元/工时，共产生维修工时费150元，涉及的材料为：发动机抗磨保护剂1瓶，单价150元/瓶，阁瑞斯机油（4L装）1瓶，单价110元/瓶，机油滤清器1件，单价25元/个，齿轮油（4L装）1瓶，单价120元/瓶，空气滤芯1件，单价25元/个，材料费430元。按照费用计算公式：维修费用=工时费+材料费+加工费+维修诊断费+检测费+其他费用，本次维修总费用为150+430=580元，因为此客户为VIP客户，故维修企业给予客户工时费9折优惠，工时费为150×0.9=135元，总费用为135+430=565元。

计算完毕，与客户解释相关费用构成，并经过客户确认后，结算员开具了维修费用清单、维修发票等单据，交由客户签字确认，完成了本次维修费用结算。

结算员在结算过程中，向客户说明相关费用的组成和每个项目的具体收费情况，使得客户明明白白消费，提高了对企业消费透明度的认可，也提高了客户满意度。

案例六

某大众车主到大众4S店进行10000km常规维护，业务接待员交车前先按照作业单做交车前自检，确保完全落实客户托修项，通知客户车辆已完工，并邀请客户验收维修效果及旧件展示说明，出示结算单与维护项目确认单，说明本次维护费用总金额。因为此家4S店执行主机厂工时收费标准，其中10000km常规维护工时定额11个工时，工时单价20元/工时，工时费220元，材料费为更换机油格1个，单价88.5元/个，嘉实多机油4瓶，单价112/瓶，空气滤清器1个，单价118.5元/个，材料费为655元。按照费用计算公式：维修费用=工时费+材料费+加工费+维修诊断费+检测费+其他费用，本次维修总费用为220+655=875元。

向客户说明本次维护的项目，同时按照维护项目确认单内容逐项向客户说明车辆各关键配件参数，让客户进一步了解车况，客户确认无误后在结算单、车历卡上签字确认。引导客户至收银台，财务人员向客户问好，并说明本次消费金额，客户付费后，业务接待员向客户致谢！送客户至车上，并告知用车注意事项，目送客户离店，完成本次维护。

此案例中4S店在结算前邀请客户验收维修效果及旧件展示说明，出示了结算单与维护项目确认单，说明本次维护费用总金额，并向客户说明本次维护的项目，同时按照维护项目确认单内容逐项向客户说明车辆各关键配件参数，让客户进一步了解车况，提升了客户的维护理念，增加了客户对4S店的专业化程度的认可，提高了其对企业的信任度，成为忠诚客户。

三 机动车维修合同

1 江苏省机动车维修合同制度

（1）为进一步规范维修经营者的经营行为，保护维修各方当事人合法权益，《江苏省机动车维修管理条例》创立了江苏省机动车维修合同制度。2007年1月1日起江苏省机动车维修行业开始实施机动车维修合同制度，江苏省交通厅运输管理局下发了江苏省机动车维修合同示范文本，并鼓励维修经营者和客户签订维修合同示范文本。

《江苏省机动车维修管理条例》第十五条规定："机动车维修经营者与托修人应当在平等自愿、等价有偿的基础上依法订立机动车维修合同。当事人签订书面维修合同的，可以参照省道路运输管理机构推荐的示范文本。机动车维修经营者在维修过程中，确需增加维修项目、扩大维修范围的，应当事先征得承修人同意并依照前款规定订立维修补充合同，机动车维修经营者提供的格式合同中有免除自身责任、加重托修人责任、排除托修人为主要权利条款人，该条款无效。"《江苏省机动车维修合同》是江苏省道路运输管理机构推荐的机动车维修合同的示范文本。江苏省交通厅运输管理局作为机动车维修行业行政管理部门，以第三方公正方身份，从保护承、托修双方当事人合法权益出发，同时充分尊重双方当事人自愿及平等协商的权利，拟订《江苏省机动车维修合同》示范文本。示范文本并不强制使用，但为明确并保护承、托修双方当事人合法权益，提高维修企业诚实信用程度，特别是发生维修质量纠纷时有据可依，鼓励承、托修双方使用该机动车维修合同示范文本。

《江苏省机动车维修合同》示范文本站在公平立场，对于承、托修双方当事人合法权益给予平等保护。合同范本对托修人一方合法权益的保护，主要从作为承修人的机动车维修经营者（即承揽合同中的承揽人）在行政法上和合同法上应承担的法律责任出发，对承修人违反法定义务造成托修方（即承揽合同中的定作人）的损害给予保护。合同范本明示了承修人所承担的与托修人利益密切相关的法定义务，使托修人能充分了解自身的权利。在合同范本第二部分双方权利义务项，规定承修方应承担以下义务：

①承修方应按国家有关维修标准和规范或双方约定的其他质量要求维修车辆。

②承修方不得使用假冒伪劣配件维修车辆，使用旧配件或修复配件维修车辆的，该配件应达到相关产品的质量标准，并征得托修方书面同意，因承修方提供的配件原因造成车辆维修质量问题的，承修方应承担损害赔偿责任。

③若配件由托修方提供，对无配件合格证明或配件有表面瑕疵的，承修方应拒绝使用。

④未经托修方同意，承修方不得擅自更换由托修方提供的配件，对于不需要更换的零部件，承修方不得更换。

⑤承修方应妥善保管送修车辆及托修方提供的配件，因保管不善造成配件损伤、毁坏、灭失的，承修方应承担相应的赔偿责任。

⑥承修方向托修方交付修竣车辆时，应向托修方提供结算票据、维修结算清单和维修记录，车辆进行二级维护、总成修理、整车修理的，承修方还需建立维修档案并向托修方提供《机动车维修竣工出厂合格证》。

⑦承修方应以自己的设备、技术和人员维修车辆。若承修方将车辆交由第三人维修，应经过托修方书面同意；未经托修方同意承修方将车辆交由第三人维修，托修方有权解除合同，由此产生的法律责任由承修方承担；无论托修方是否同意，承修方均必须承担由该第三人维修车辆所产生的法律责任。

⑧承修方收取维修费用不得超过经当地道路运输管理机构备案并对外公示的维修收费项目及收费标准。

以上承修人应当承担的义务中，第一、二、三、六项义务是根据原交通部《机动车维修管理规定》或《江苏省机动车维修管理条例》的规定而直接产生的，应由机动车维修经营者（承修人）承担的法定义务。这一类义务即便承、托修双方当事人未在承揽合同中予以明确约定，承修人的义务也不能予以免除。同时，承修人对该类义务的违反，不仅可能使其承担民法上的法律责任（如造成托修人损害的必须予以赔偿；车辆进行二级维护、总成修理、整车修理的，若承修方未签发《机动车维修竣工出厂合格证》，托修方有权拒绝支付维修费用等），还必须承担行政法上的法律责任。以上承修人义务中，第四、五、七项义务是根据《合同法》关于承揽合同这一有名合同的明确规定而直接产生。机动车维修经营者作为承揽合同的一方当事人——承揽人，必须对定作人承担不得擅自更换定作人提供的材料，不得更换不需要修理的零部件、妥善保管定作物的义务，这些义务不因当事人的约定而成立，同样也不能由当事人约定排除。承修方第七项义务同样依据《合同法》关于承揽合同的规定，因为机动车为大宗财产，机动车维修企业维修质量良莠不齐，因此本机动车维修合同范本在《合同法》规定的基础上，增加了对承修方将车辆交由第三人维修，应经过托修方书面同意的这一要式行为要求，以更好保障托修人的合法权益。承修方第八项义务依据《江苏省机动车维修管理条例》规定及合同法诚实信用原则产生。《江苏省机动车维修管理条例》第十条第三款规定："机动车维修经营者公示的收费项目和收费标准应当向当地道路运输管理机构备案。"已向道路运输管理机构备案并对外公示的收费项目和收费标准，对机动车维修经营者具备约束力，机动车维修经营者不得擅自提高。

（2）《江苏省机动车维修合同》示范文本与《业务委托书》的区别。

机动车维修合同属于承揽合同，根据《合同法》的规定，承揽合同的内容包括承揽的标的、数量、质量、报酬、承揽方式、材料的提供、履行期限、验收标准和方法等条款。1992年交通部会同国家工商总局印发过统一格式的《汽车维修合同》，由于该合同不符合《合同法》的要求，交通部已经于2003年发文废止。因此，作为《江苏省机动车维修合同》示范文本必须按照《合同法》的要求，结合行业实际，立足于保护承托修双方的合法权益来制定。《江苏省机动车维修合同》示范文本在制定的过程中广泛参考了各品牌车型4S店的维修业务委托书，在此基础上，组织了一批法律和维修专业人员按照《合同法》的要求，从维修内容的约定（如车辆信息、维修项目、配件提供方式、收费标准、结算方式、维修期限、验收标准、验收方式、质量保证期的约定等）、承托修双方的权利义务以及违约责任的约定等方面予以了规范。

目前有部分维修企业认为示范文本比较烦琐，使用《业务委托书》比较简单。维修企业使用的《业务委托书》是各维修企业或汽车生产厂家制定的格式条款，内容较简单，但没有包含承揽合同的各个要素，消费者的合法权益往往得不到有效的保护。为此，《江苏省机动车维修管理条例》特别规定了机动车维修经营者提供的格式合同中有免除自身责任、加重托修人责任、排除托修人主要权利条款的，该条款无效，其目的就是保护车主的合法权益。根据《江苏省机动车维修管理条例》的规定，承修人与托修人应当在平等自愿、等价有偿的基础上依法订立机动车维修合同。承托修双方订立合同，有书面形式、口头形式和其他形式。机动车维修质量要求高、标的数额大、事后纠纷多，签订书面合同是必要的。当事人签订书面维修合同的，推荐参照《江苏省机动车维修合同》示范文本。承托修双方可以按照法律的规定，自愿选择订立合同的方式，自愿约定合同的内容。但托修方要求选择《江苏省机动车维修合同》示范文本的，承修方应当使用。

2 汽车维修合同的主要内容

（1）承、托修双方的名称；

（2）签订日期及地点；

（3）合同编号；

（4）送修车辆的车种、车型、牌照号、发动机型号（编号）、底盘号；

（5）维修类别及项目；

（6）预计维修费用；

（7）质量保证期；

（8）送修日期、地点、方式；

（9）交车日期、地点、方式；

（10）托修方所提供材料的规格、数量、质量及费用结算原则；

（11）验收标准和方式；

（12）结算方式及期限；

（13）违约责任和金额；

（14）解决合同纠纷的方式；

（15）双方商定的其他条款。

3 汽车维修合同的使用

1 汽车维修合同的签订

（1）合同签订的原则。汽车维修合同必须按照平等互利、协商一致、等价有偿的原则依法签订，承、托修双方签章后生效。

（2）合同签订的范围。凡属下列汽车维修作业范围的，承、托修双方必须签订维修合同：

①整车修理；

②总成修理；

③二级维护；

④维修金额较大以及车主主动要求的等。

合同签订的形式。汽车维修合同的签订形式分两种：第一种是长期合同，即最长在一年之内使用的合同；第二种是即时合同，即一次使用的合同。承、托修双方根据需要也可以签订单车或成批车辆的维修合同，还可签订一定期限的包修合同。如果是代签合同必须要有委托单位证明，根据授权范围，以委托单位的名义签订，对委托单位直接产生权利和义务。

2 汽车维修合同的履行

汽车维修合同的履行是指承、托修双方按照合同的规定内容全面完成各自承担的义务，实现合同规定的权利。

汽车维修合同的履行是双方的法律行为。但是，若双方当事人中一方没有履行自己的义务在前，另一方有权拒绝履行其义务。

（1）托修方的义务。

①按合同规定的时间送修车辆和接收竣工车辆。

②提供送修车辆的有关情况（包括送修车辆基础技术资料及技术档案等）。

③如果提供原材料，必须是质量合格的原材料。

④按合同规定的方式和期限缴纳维修费用。

（2）承修方的义务。按合同规定的时间交付修竣车辆。按照有关汽车修理技术标准（条件）修理车辆，保证维修质量，向托修方提供竣工出厂合格证，在保证期内应尽包修义务。

①建立承修车辆维修技术档案，并向托修方提供车辆的有关资料及使用的注意事项。

②按规定收取维修费用，并向托修方提供票据、维修工时及材料明细表。

3 汽车维修合同变更和解除

（1）合同变更、解除的含义。

①合同变更是指合同未履行或完全履行之前由双方当事人依照法律规定的条件和程序，对原合同条款进行修改或补充。

②合同解除是指合同在没有履行或没有完全履行之前，当事人依照法律规定的条件和程序，解除合同确定的权利义务关系，终止合同的法律效力。

（2）合同变更、解除的条件。

①双方协定变更、解除维修合同的条件。

a.必须双方当事人协商同意。

b.必须不因此损害国家或集体利益，或影响国家指令性计划的执行。

②单方协定变更、解除维修合同的条件。

a.发生不可抗力。

b.企业关闭、停业、转产、破产。

c.严重违约。

除双方协商和单方决定变更、解除合同的法定条件之外，任何一方都不得变更或解除合同。发生承办人或法定代表人的变动，当事人一方发生合并或分立，违约方已承担违约责任情况下，均不得变更或解除维修合同。

变更、解除维修合同的程序及法律后果。汽车维修合同签订后，当事人一方要求变更或解除维修合同时，应及时以书面形式通知对方，提出变更或解除合同的建议，并取得对方的答复，同时协商签订变更或解除合同的协议。

因一方未按程序变更或解除合同，使另一方遭受损失的，除依法可以免除责任外，责任方应负责赔偿。

4 汽车维修合同的担保

汽车维修合同的担保是合同双方当事人为保证合同切实履行，经协商一致采取的具有法律效力的保证措施。其担保的目的在于保证当事人在未受损失之前即可保障其权利的实现。

汽车维修合同一般采取的是定金担保形式。它是一方当事人在合同未履行之前，先行支付给对方一定数额的货币，这种形式是在没有第三方参加的情况下，由合同双方当事人采取的保障合同履行的措施。定金是合同成立的证明。托修方预付定金违约后，无权要求返还定金，接受定金的承修方违约应加倍返还定金。定金的制裁作用，可以补偿因不履行合同而造成的损失，促使双方为避免制裁而认真履行合同。

汽车维修合同的担保也可另立担保书作为维修合同的副本。内容包括抵押担保、名义担保和留置担保等。

不履行或不完全履行合同义务的结果是承担违约责任。承、托修双方任何一方不履行或不完全履行义务时就发生了违约责任问题，对违约责任处理的方式一般为支付违约金和赔偿金两种。

4 汽车维修合同的填写规范

（1）“托修车辆维修项目”栏填写托修方报修项目及附加修理项目。

（2）“预计维修费总金额”栏填写承修方初步估计的维修费（包括维修诊断费、检测费、工时费、材料及材料附加费等）总金额。

（3）“验收标准”及“验收方式”栏填写所采用的标准编号和双方认同的内容、项目及使用的设备等。

（4）“配件提供方式”栏按“托修方自带配件”、“承修方提供需要更换的配件”等填写。承修方提供配件的，还要选择配件的类别。

（5）“质量保证期”用大写填写质量保证的天数和行驶里程数。

（6）“甲方（章）”、“乙方（章）”栏盖承、托修双方单位或个人的印章，没有印章的填写单位全称或个人姓名及身份证号。

（7）“法人代表”栏填写承修方或托修方法人代表的姓名。

（8）“代理人”栏填写承修方或托修方法人代表指定的代理人姓名。

5 汽车维修合同的鉴证与仲裁

（1）汽车维修合同的鉴证。鉴证是汽车维修合同管理的一项主要内容。通过鉴证，可以证实维修合同的真实性，使合同的内容和形式都符合法律的要求；可以增强合同的严肃性，有利于承、托修双方当事人的认真履行；便于合同管理机关监督。

汽车维修合同鉴证实行自愿原则。在承、托修双方当事人请求鉴证的情况下，约定鉴证的合同只有经过鉴证程序，合同才能成立。

经审查符合鉴证要求的，国家工商行政管理机关予以鉴证，鉴证应制作维修合同鉴证书。

（2）汽车维修合同纠纷的调解。汽车维修合同发生纠纷，承、托修双方当事人应及时协商解决。协商不成，可向当地交通运政部门申请调解。由主诉方填写申请书，交通运政部门通过调查取证，作出调解意见书，并监督双方当事人执行。当事人一方或双方对调解不服的，可向国家工商行政管理部门及国家规定的仲裁委员会申请调解或仲裁，也可直接向人民法院起诉。纠纷费用原则由责任方负担，应根据承、托修双方责任的大小分别负担。

（3）汽车维修合同的仲裁。当发生了合同纠纷调解失败后，当事人可采用仲裁方式调解纠纷。双方当事人应当自愿达成仲裁协议。仲裁协议包括合同订立的条款和以其他书面方式在纠纷发生前或纠纷发生后达成的请求。没有书面仲裁协议，一方申请，仲裁委员会不予受理。如果达成仲裁协议后，一方向人民法院提出起诉，人民法院将不予受理，但仲裁协议无效的除外。

仲裁委员会应当由当事人协议选定。仲裁委员会应根据事实，符合国家规定，公平合理地解决纠纷。

仲裁不实行级别和地域管辖。仲裁依法独立进行，不受行政机关、社会团体和个人的干涉。仲裁实行一裁终局的制度。裁决作出后，当事人就同一纠纷再申请仲裁或向人民法院起诉的，仲裁委员会或人民法院将不予受理。裁决被人民法院依法裁定撤销或不予执行的，当事人就该纠纷可以根据双方重新达成的仲裁协议申请仲裁，也可以向人民法院起诉。

当事人对仲裁协议的效力有异议的，可以请求仲裁委员会作出决定或请求人民法院作出裁定。一方请求仲裁委员会作出决定，另一方请求人民法院作出裁定的，由人民法院裁定。

仲裁委员会对维修问题认为需要鉴定的，可以交由当事人约定的鉴定部门鉴定，也可以由仲裁委员会指定的鉴定部门鉴定。

经仲裁委员会或人民法院仲裁的，仲裁委员会或人民法院应向双方当事人下达裁决书。已经裁决当事人申请撤销裁决的，应当自收到裁决书之日起6个月内提出。人民法院应当在受理撤销裁决申请之日起2个月内作出撤销裁决或者驳回申请的裁决。

当事人应当履行裁决。一方当事人不履行的，另一方当事人可以依照民事诉讼法的有关规定向人民法院申请执行。受申请的人民法院应当强制执行。

仲裁费用原则上由败诉方承担，但是实践中考虑各种因素由当事人分摊仲裁费。

第二节 价格结算方法

一 汽车维修价格结算的计算方法

汽车维修价格结算主要包括工时费、材料费和其他费用的结算。

1 汽车维修工时费

汽车维修工时费是指汽车维修企业维修车辆、提供维修技术和劳务应收取的费用。

为了使汽车维修业户能够规范、统一、客观、合理地计算和收取汽车维修工时费，我国规定汽车维修工时费按统一规定的“工时单价”与统一规定的“工时定额”相乘的乘积进行计算，即汽车维修工时费的计算公式为：

$$\text{工时费}=\text{工时单价}\times\text{工时定额}$$

（1）汽车维修工时单价是统一规定的完成某种汽车维修作业项目每1小时的收费标准。工时单价由经营者依据自身的资质、规模、技术等级、维修及服务质量、市场需求等自行制定。

（2）汽车维修工时定额是统一规定的完成某种维修作业项目所需要的工时限额，通常也称为定额工时。工时定额按照江苏省交通运输主管部门制定的《江苏省机动车维修工时定额》执行。

2 汽车维修材料费

汽车维修材料费是指机动车维修过程中更换、修理零配件及使用耗材（含材料、漆料、燃料润料等）所发生的费用。零配件及材料价格按实际购入价格和合理的进销差价构成。进销差价率由经营者参照江苏省机动车行业组织定期公布的市场平均进销差率自行确定；维修中使用非原车修复配件的，应事先征得托修方同意，其价格标准由双方协商确定。

3 汽车维修加工费

汽车维修加工费是指受本企业的技术条件限制，需要委托其他企业进行维修或加工零、配件所发生的费用。外加工费按实际发生的净额结算。

凡应托修方要求为抛锚车、事故车等提供的现场排障、施救、牵引服务的，承修方可以按相关规定收取服务费用。

4 汽车维修结算费用的计算

汽车维修结算费用就是工时费、材料费、加工费、维修诊断费、检测费和其他费用之和，即：

维修结算费用=工时费+材料费+加工费+维修诊断费+检测费+其他费用

按汽车维修行业管理部门的规定，车辆维修竣工后，维修企业必须出具有效发票，其中工时费、材料费和加工费等必须开列清楚，并附有工时清单、材料清单，其中一份交托修方。工时清单应标明维修项目、工时单价、分项工时费和总工时费用，材料清单应标明材料名称、型号、规格、数量、单价和材料总费用。

案例七

某宝马车主到品牌4S店进行70000km维护，维修结算时产生维修诊断费（维护标准范围with 2 lines）199.79元，检测费（底盘测量KDS，加载至设计位置）729元，材料费（壳牌AMOIL　with 8）4536.52元，工时费（机油维护7个工时，工时单价45元）合计315元。按照费用计算公式：维修费用=工时费+材料费+加工费+维修诊断费+检测费+其他费用，本次维修总费用199.79+729+4536.52+315=5780.31元。结算清单打印出来后，引领客户到接待区解释费用，请客户确认，交接结算清单、维修发票、维护手册等材料，并记录好本次的维护里程数和下次的维护里程或时间，征求客户对本次维护的满意度回访方式，送离客户。

本次维护中，收取了维修诊断费和检测费，须向客户解释清楚，合理收费维修诊断费和检测费，一方面可以增加企业收入，另一方面还可以提高车辆故障诊断技术水平，提高企业生产效率，并减少维修返工，提高客户满意度。

案例八

某桑塔纳车主到综合维修企业进行60000km维护，进行维护检查时，维修技术人员发现汽车的前轮胎侧壁已出现深纹，建议客户更换轮胎，客户表示同意。维修作业结束后客户至前台结算。该企业已经公示出来执行《江苏省机动车维修结算工时定额及收费指南》（2004年版本），此次维护包括更换机油、机滤，更换空气滤芯，更换轮胎一共12个工时，工时单价为15元/工时，共产生维修工时费180元，涉及的材料为：发动机抗磨保护剂1瓶，单价150元/瓶，壳牌蓝喜力机油（4L装）1瓶，单价220元/瓶，机油滤清器1件，单价25元/个，齿轮油（4L装）1瓶，单价120元/瓶，空气滤芯1件，单价25元/个，米其林轮胎2个，850元/个，材料费2240元。按照费用计算公式：维修费用=工时费+材料费+加工费+维修诊断费+检测费+其他费用，本次维修总费用为180+2240=2420元。结算完毕后，当客户拿到车准备离去时，发现自己的汽车只有一个前轮更换了轮胎，于是找到价格结算员王某质问为何收取了两个轮胎的费用，王某也一时语塞，找来进行维护作业的修理工刘某了解情况，获知在维护过程中刘某看到客户的另外一只前轮轮胎较好，就没有进行更换，但并没有将这个情况进行记录告知王某，因此王某想当然地认为修理工为客户更换了两个轮胎，收取了相应的费用，差点使客户蒙受损失。

在本案例中，价格结算员王某没有与修理工刘某确认维修项目，也未就维修项目和收费项目与客户进行一一核对，差点多收了客户维修费用，给客户造成了损失，最终破坏了企业的声誉。

二 江苏省机动车维修费用结算清单制度

《江苏省机动车维修管理条例》创设了一系列保护承、托修双方合法权益的制度，其中机动车维修费用结算清单制度是其中最重要的制度之一。江苏省机动车维修费用结算清单制度于2007年1月1日起开始实施，江苏省交通厅运输管理局制定下发了全省统一格式的机动车维修费用结算清单的样式，各级道路运输管理机构强力推进统一格式的结算清单制度，使得维修过程更加透明，维修信息更加对称，合法权益更加有保障，广大客户对行业的信任度在不断上升。目前，江苏省绝大多数机动车维修企业均按照规定使用了统一格式结算清单，上海大众等大部分4S店主机厂也已经按照要求调整软件，将结算清单格式调整为符合江苏省法规要求的格式。

1 统一结算清单格式的目的

所谓机动车维修费用结算清单制度就是要求机动车维修经营者在费用结算时，如实出具每一个作业项目的工时和费用明细，以及所使用配件和材料的厂牌规格、数量、价格，让托修人了解消费真相的一种制度。机动车维修费用结算清单制度是约束机动车维修经营者不合理收费行为、提高机动车维修透明度、保护消费者知情权、实现明明白白消费的基础性工作，是促进维修行业信息对称的重要环节。

统一结算清单格式主要有两个原因，一是法规和规章要求统一格式。《江苏省机动车维修管理条例》和交通部2005年第7号令《机动车维修管理规定》要求省级道路运输管理机构统一《机动车维修费用结算清单》的格式。根据法规和规章的要求，江苏省交通厅运输管理局在参考各品牌车型4S店使用的结算清单内容和格式的基础上，广泛听取社会各界的意见，制定了《机动车维修费用结算清单》统一格式。二是透明的消费需要统一格式。尽管在新的结算清单启用前，各个维修企业都已经有各自的结算清单，但是内容和形式各不相同，费用的组成也不相同，有的甚至违反了法律法规的要求，各种各样的结算清单使得消费者雾里看花，不能很清楚地掌握维修信息，也容易使合法权利受到侵害。因此，统一《机动车维修费用结算清单》格式有利于维修消费更加透明，增强车主的信任度，也更有利于消费选择。考虑到当前江苏省机动车维修企业有的已经实施计算机管理，有的还是手工管理的实际情况，为保证平稳过渡，《江苏省机动车维修费用结算清单》因地制宜推出了计算机打印和手工填写两个版本，两个版本的内容完全一致，格式稍有区别，其中计算机打印格式为推广式样，手工填写格式为补充和辅助式样。在全省机动车维修信息化管理未实施前，两个版本同时有效，机动车维修经营者结合自身的实际情况可自由选择手工填写版或计算机打印版。

全省统一格式结算清单的特点主要有两点。一是分项结算，《江苏省机动车维修管理条例》规定：机动车维修费用由材料费、工时费、加工费、维修诊断费和检测费等组成。因为维修企业在实际维修过程中，首先要对车辆进行诊断才能确定维修方案，维修诊断费作为维修企业劳动价值的体现；部分车辆在进行维修后需要送至检测站进行检测，检测费则是维修企业代检测站收取的相关检测费用；材料费是维修过程中更换的材料费用；工时费体现了维修企业在维修过程中付出的劳动价值；加工费则表征了维修企业对相关零部件进行加工产生的费用，其他费用则包含了维修过程中产生的除上述费用以外的所有费用。二是在结算清单中对托修人支付费用更换下来的旧配件的去向进行了明确，由此有效避免了日后因为更换配件质量产生的纠纷。

2 统一格式结算清单的样式

江苏省机动车维修费用结算清单（样式）见表4–1。

江苏省机动车维修费用结算清单（样式） 表4–1

编号：

托修方	单位名称（车主姓名）				送修人	
	车牌号码		厂牌型号		维修类别	
	进厂日期		合同编号		工单号码	
	出厂里程表读数		合格证号		联系电话	

续上表

承修方	单位名称			联系电话	
	单位地址			E-mail	
	开户银行		账号		

维修费用结算表（维修费用=维修诊断费+检测费+材料费+工时费+加工费+其他费用）

序号	名　　称	金额（元）	备　　注
1	维修诊断费		
2	检测费		
3	材料费		
4	工时费		
5	加工费		
6	其他费用		
7	合计金额		
实收金额（元）：			

维 修 诊 断 费

序号	维修诊断项目	金额（元）	备注
1			
2			
…			
维修诊断费合计金额（元）：			

检　测　费

序号	检测项目	金额（元）	备注
1			
2			
…			
检测费合计金额（元）：			

材　料　费

序号	材料名称	厂牌规格	单位	数量	单价（元）	金额（元）	备注
1							
2							
…							
托修方自备配件：							
材料费合计金额（元）：							

续上表

工 时 费				
序号	维修项目	结算工时	金额（元）	备 注
1				
2				
…				
合计工时：		工时费合计金额（元）：		

加 工 费			
序号	加工项目	金额（元）	备注
1			
2			
…			
加工费合计金额（元）：			

其他费用			
序号	费用项目	金额（元）	备注
1			
2			
…			
其他费用合计金额（元）：			

1. 是否有托修人支付费用更换的旧配件：

□旧配件已确认，并由托修方回收　　□旧配件已确认，托修方声明放弃　　□无旧配件

2. 结算清单项目及应付金额经双方核实，客户签字后生效。

客户签字：　　结算员签章：

承修方（盖章）

日期：　年　月　日

第五章 价格结算信息化管理

本章重点介绍计算机管理和机动车维修工时查询结算系统的相关知识。通过对本章的学习，价格结算员能掌握价格结算要求的计算机管理知识，并能熟练应用维修工时查询系统，充分利用信息手段，提高工作效率。

第一节 计算机管理的基本功能及作用

机动车维修企业计算机管理软件的功能非常复杂，几乎涉及企业管理的各个方面。

一 计算机管理的基本功能

1 配件进销存管理

汽车配件的进销存管理是最常用的功能之一。

这个功能模块通常分为采购询价、采购入库、入库查询、销售报价、销售出库、销售出库查询、库存配件查询、出入库汇总、仓库盘点、配件调拨等功能。

2 汽车修理流程管理

汽车修理的流程一般分为预约、接待、估计、派工、领料、完工总检、预结算、收款、出厂、回访等。

前台接待主要是登记待修车辆的基本情况、故障现象，并初步确定要修理的项目和要用的配件品种和数量。

车间管理则主要管理确定项目、派工完工、确定所需配件等。

仓库负责发放材料，并在领料单上进行相应记录。

维修完工以后，应该进行结算，结算单应该包括车辆的识别信息、业务单号、维修内容、结算数据等。

如果实收金额不等于应收金额，则软件应该自动生成应收款账务记录。

结算收款以后，在出厂时可以打印出门单，也可以进行客户预约。

一般来说，现在的管理软件都比较重视客户关系管理功能模块，所以客户预约和回访功能都应该具备。

3 应收应付账款管理

机动车维修行业的应收应付款项管理是困扰很多企业经理的难题，因此一般的管理软件都有应收应付款项汇总统计和明细查询的功能。

4 报表管理

各种报表的自动编制是计算机管理软件的长处。

5 系统管理

系统管理主要是系统管理员对管理软件的使用情况进行管理的功能。通常来说，这个模块包含如下功能：

（1）系统设置：包括成本计价方法、税款是否进入成本核算、是否允许负库存、配件进货的自动加价率等设置。

（2）数据管理：包括账套管理、数据备份、数据恢复、期末结转、数据交换等功能。

（3）操作员管理：包括操作员权限设置、操作日志查询等功能。

此外，可能还会有一些打印设置或者允许参数设置等功能。

二 计算机管理的作用

计算机具有信息存储量大、信息处理准确等特点，企业运用计算机管理系统有如下作用：

（1）上层管理者可以通过计算机管理信息系统及时了解到整个企业的运作情况，从而可以对各部门的工作进行统筹安排。

（2）企业的高层管理者可以从繁琐的统筹安排、生产调度、统计报表中彻底解脱出来，制订长远规划，谋划行之有效的市场策略去争取更多的顾客，为企业带来更多的效益。

（3）可以使机动车维修企业彻底改变手工作坊式的工作模式，解决企业领导每天面对庞大的顾客资料、维修记录、配件资料等凌乱的事务，以及由此产生的顾客纠纷等问题。

（4）能充分地实现企业人、财、物、产、供、销的合理配置与信息共享，它能帮助加快库存周转，减少购买和运输费用，确保维修承诺期限，减少由于物料短缺而引起的维修中断。

（5）能保证企业的财务数据真实反映实际的成本及企业状况。

（6）采用计算机管理系统来管理车辆档案，为长期、灵活的顾客服务奠定了基础，能够提升企业在顾客心目中的形象。

（7）实现车辆、顾客的动态跟踪，及时掌握动态信息，更好地为顾客服务。

（8）用于汽修企业的库存管理，能够缩短进出货的周期并减少待料，同时可以为按需库存提高准确的信息，以减少因库存而造成的人力和财力浪费。

（9）在汽车修理厂中实现“标准量化管理”后，可以实现真正的明码标价，各工种、车型、排量、故障、技术熟练程度不同的人等都可以进行量化，使得在修理报价、提成、奖金等方面有据可依，能充分调动员工的积极性，同时也为企业树立良好的形象。

（10）有利于企业的资源管理、人力管理等。

综上所述，实行计算机化管理是实现企业科学化管理的有效手段。

第二节 机动车维修工时查询结算系统功能介绍及使用简介

一 软件简介

本软件可以实现车辆进厂登录，维修工时，维修配料，维修结算和查询汇总的功能。可打印车辆委托书、车辆估价/结算清单、车辆维修汇总清单、车辆档案和维修竣工出厂合格证等。

二 操作说明

分两个系统：工时查询和工时结算。

1 工时查询

功能：实现新版江苏省标准维修工时的查询。

步骤：选择查询方式→进行工时查询

（1）主界面。

①电子结算系统主界面如图5-1所示。请选择“按工时分类查询”或“按工时项目查询”。

如不选择则在30s倒计时后自动执行第一个选项。

②按ESC键退出。

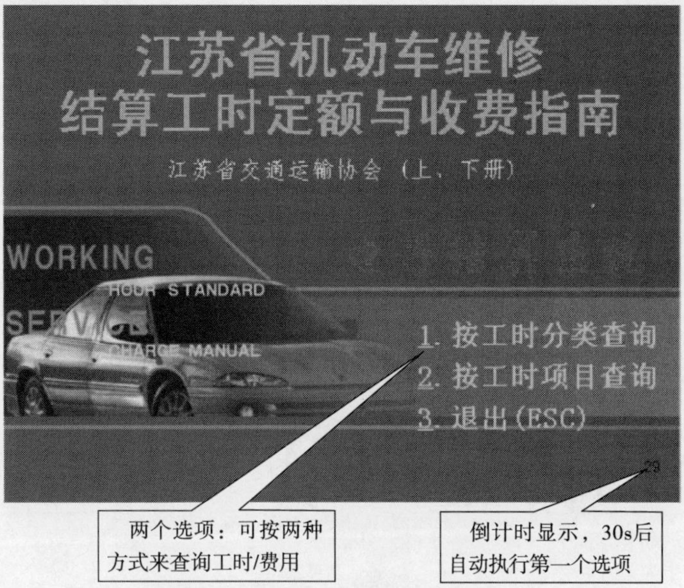

图5-1　电子结算系统主界面

（2）按工时分类查询界面。

①电子结算系统按工时分类查询界面如图5-2所示。在左框中选择某分类，右框中显示对应的工时或工费。

②工时定额和费用金额可直接切换。

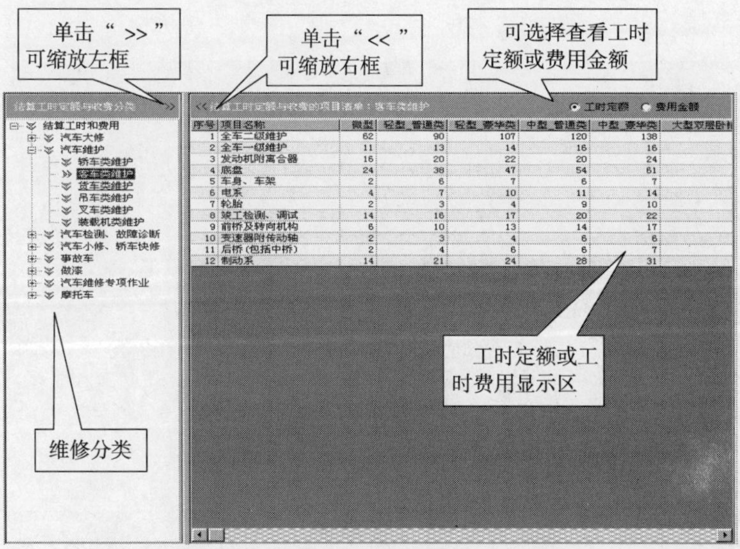

图5-2　电子结算系统按工时分类查询界面

（3）按工时项目查询界面。

电子结算系统按工时项目查询界面如图5-3所示。

①可根据维修类别、维修子类、维修项目进行查询。

②三条件逻辑关系为并且。

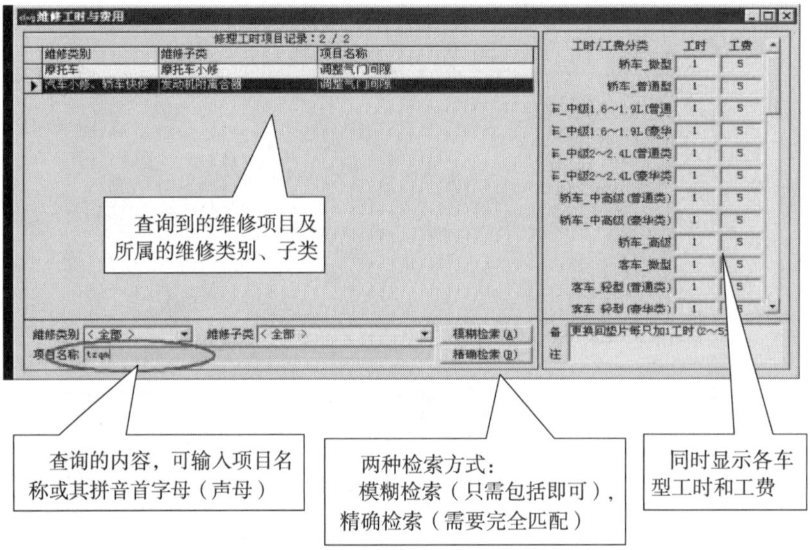

图5–3　电子结算系统按工时项目查询界面

2 工时结算

功能：实现车辆维修服务，记录和统计维修的每一辆车，从车辆进厂登记到维修结束。

步骤：车辆进厂→开修理委托书（即派工单）→维修结算→维修汇总。

（1）欢迎界面。

电子结算系统欢迎界面如图5–4所示。

图5–4　电子结算系统欢迎界面

（2）主界面。

电子结算系统工时结算主界面如图5–5所示。

①由菜单栏、工具栏等组成。

②选择某一菜单或工具即进入相应的功能窗口。

图5-5　电子结算系统工时结算主界面

（3）工时查询A。

工时查询——按工时分类查询界面如图5-6所示。

查询方法与上面工时查询（触摸屏）中的“按工时分类查询”相同。

图5-6　工时查询——按工时分类查询界面

（4）工时查询B。

工时查询——按工时项目查询界面如图5-7所示。

查询方法与上面工时查询（触摸屏）中的“按工时项目查询”相同。

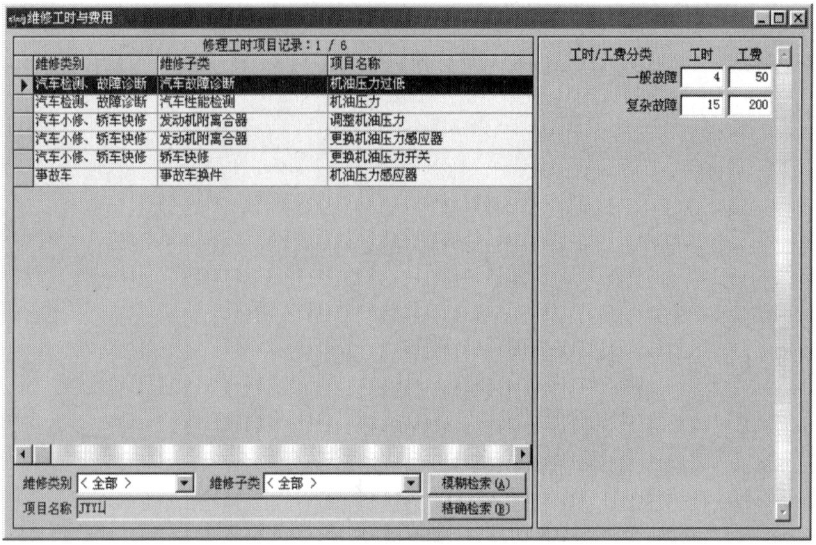

图5-7　工时查询——按工时项目查询界面

（5）工时试算。

工时试算界面如图5-8所示。

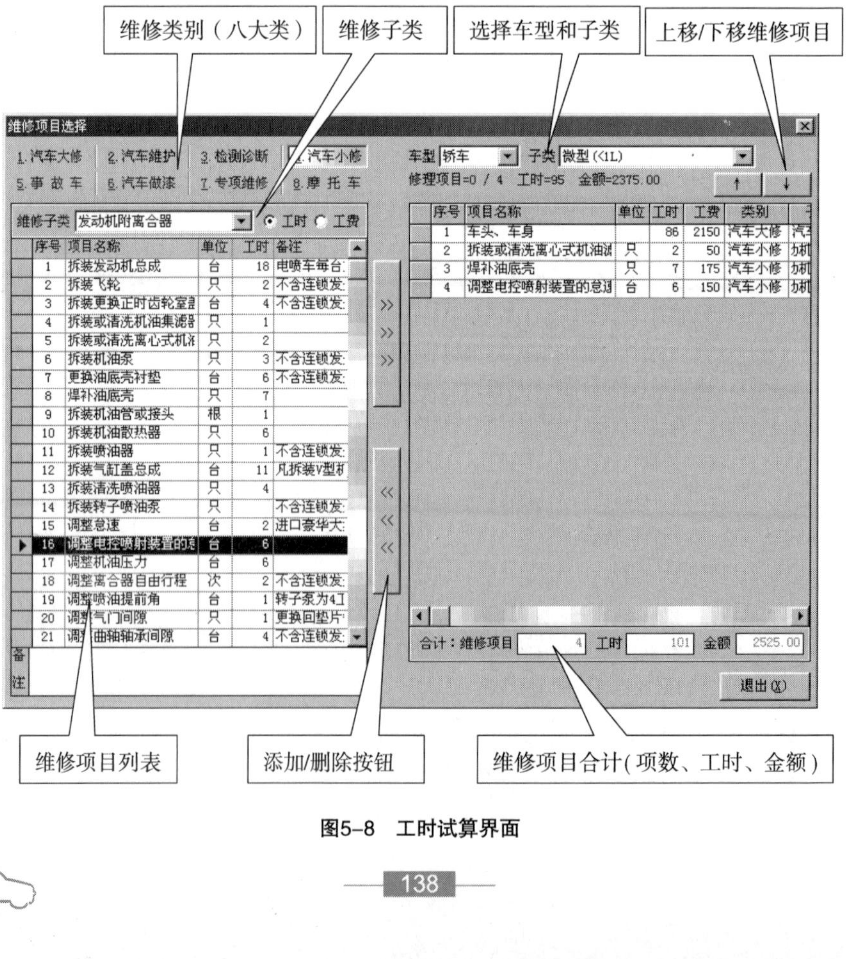

图5-8　工时试算界面

①先在车型和子类中选择需查询的车型和车型子类。

②在维修类别（八大类）中选择维修的类别。

③在维修子类中选择维修子类。

④在维修项目列表中选择所需的维修项目，按添加键“>>>>”（或双击维修项目），可添加选中的维修项目到右框中。右框下自动合计维修项目数、工时、金额。

⑤在右框中选择所需删除的维修项目。按添加键“<<<<”（或双击维修项目），在弹出的删除确认框中选择“是”后可删除选择的维修项目。

（6）维修委托书。

维修委托书（派工单）的填写和打印的具体操作方法与维修结算相同，维修委托书界面如图5-9所示。

①在车辆情况各框中输入内容。如是新来车辆在保存时会自动建立车辆档案。如需建立更完整的车辆档案请单击牌色右边“…”按钮。

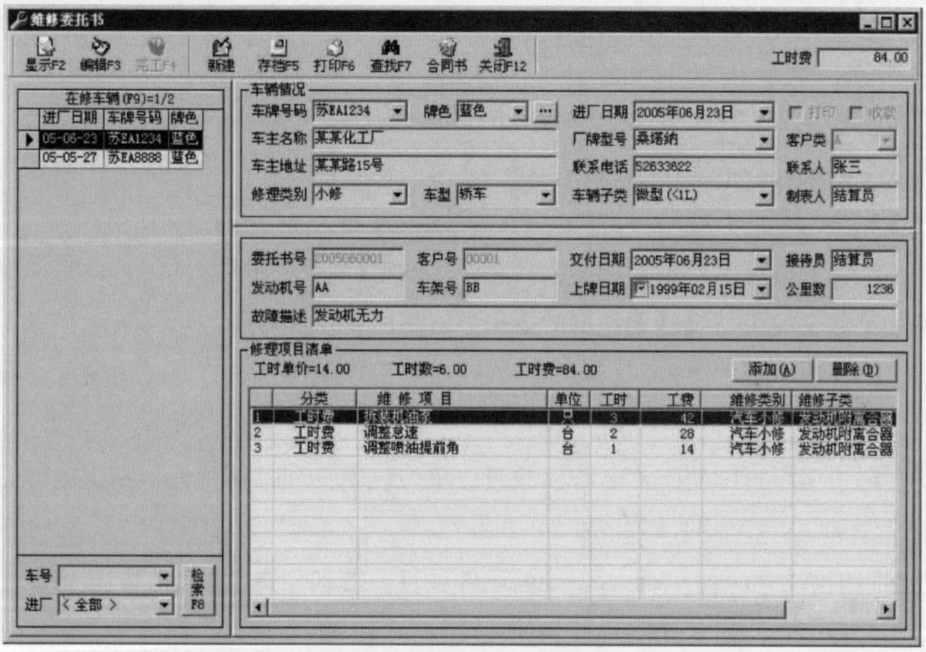

图5-9 维修委托书界面

②在结算清单页中单击“添加”，在弹出的窗口中选择所需的维修项目。

维修项目选择界面如图5-10所示。可在标准工时中进行选择添加（与工时试算中的操作方法相同），也可以自行输入添加。可按实际情况输入维修工时或维修金额，系统会围绕维修工时单价不变，而对工时和金额自动计算。

③在结算清单页中单击“删除”，在弹出的确认框中选择“是”将删除选择的维修项目。

（7）车辆结算。

车辆结算界面如图5-11、图5-12所示。

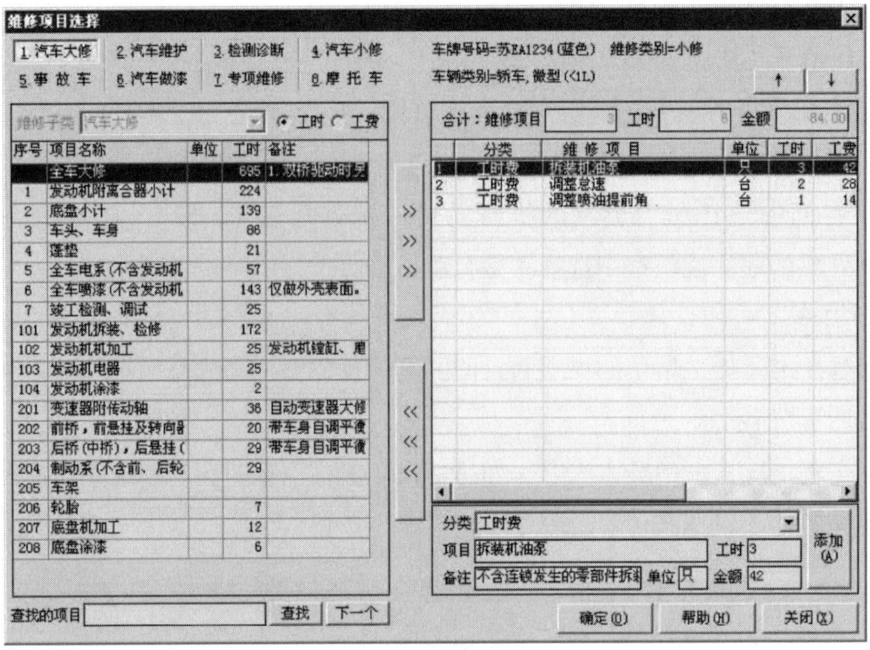

图5-10 维修项目选择界面

①在车辆情况各框中输入内容。如是新来车辆在保存时会自动建立车辆档案。如需建立更完整的车辆档案请单击牌色右边“…”按钮。

②在结算清单页中单击“添加”，在弹出的窗口中选择所需的维修项目。也可自定义添加维修工时（与维修委托书中操作方法相同）。

③在结算清单页中单击“删除”，在弹出的确认框中选择“是”将删除选择的维修项目。

④在材料清单页中的配件名称、数量、单位、单价和备注中输入相应内容后，按添加键“添加”可添加配件到下框中。

⑤在材料清单页中选择所需删除的配件项目。按删除键“删除”，在弹出的删除确认框中选择“是”后可删除选择的配件项目。

⑥完工按钮可实现车辆的完工确认，完工后的车辆不能修改并且不会出现在左边框中（可以在维修记录或维修历史中进行查看）。

⑦打印按钮可实现多种结算清单格式的打印。

⑧维修历史按钮可快速按当前车牌检索该车的维修历史情况，也可按进厂日期、车牌号码/车主名称/联系人等进行检索，车辆维修历史界面如图5-13所示。

（8）维修记录。

车辆维修的历史记录可实现查看、完工、删除、检索、导出/打印、合计和合格证套打印等功能。维修记录界面如图5-14~图5-16所示。

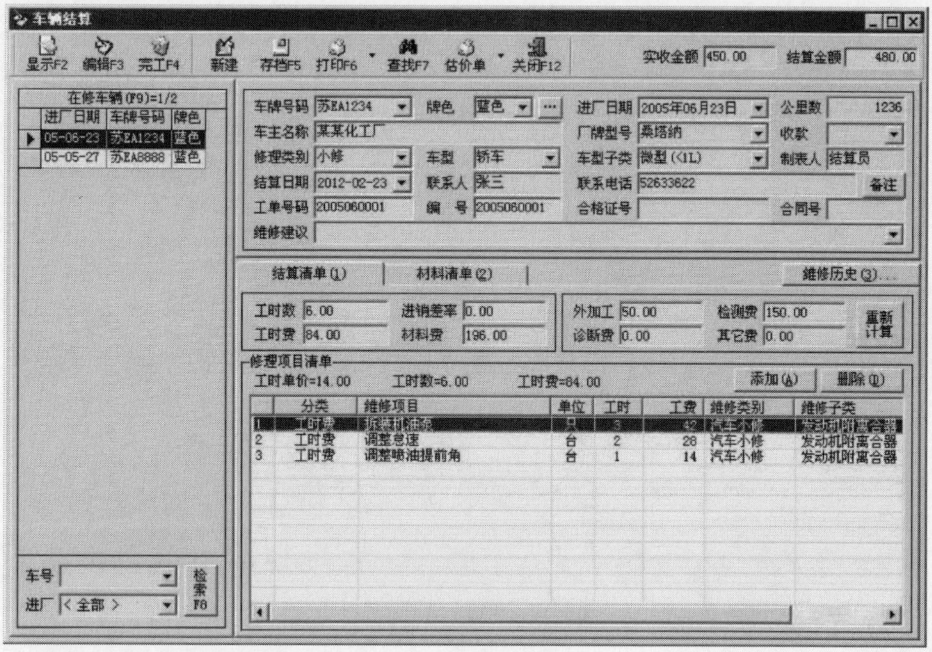

图5-11 车辆结算界面一

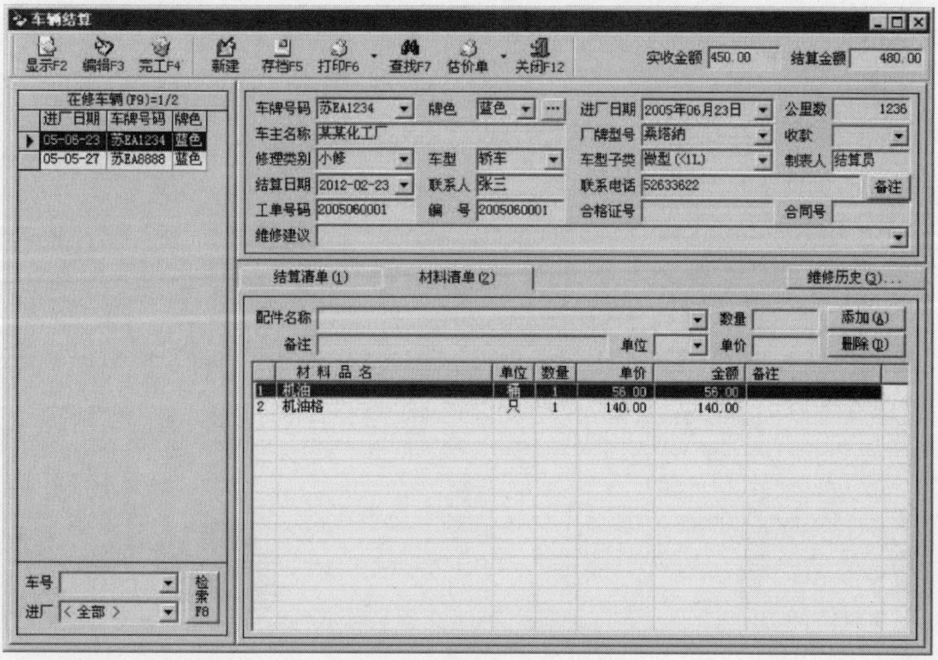

图5-12 车辆结算界面二

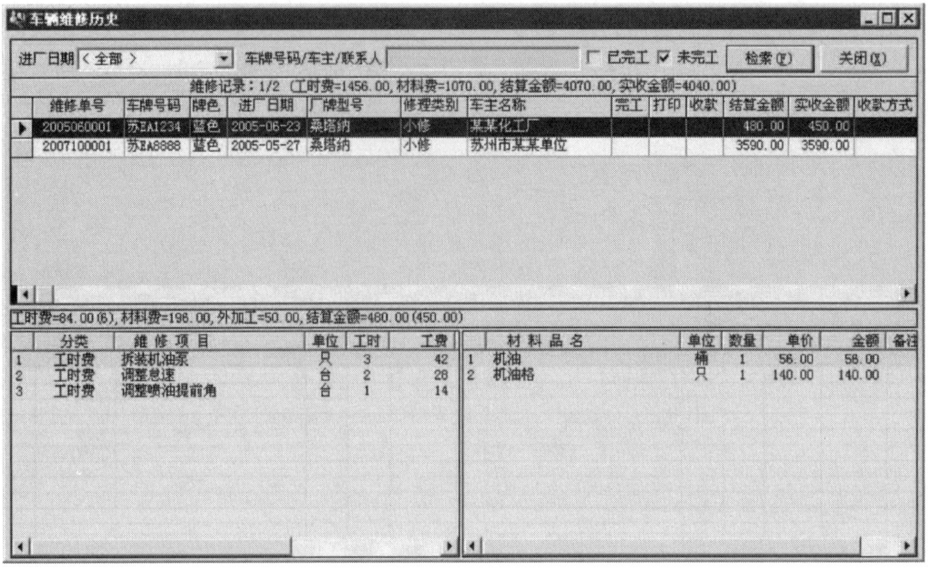

图5-13　车辆维修历史界面

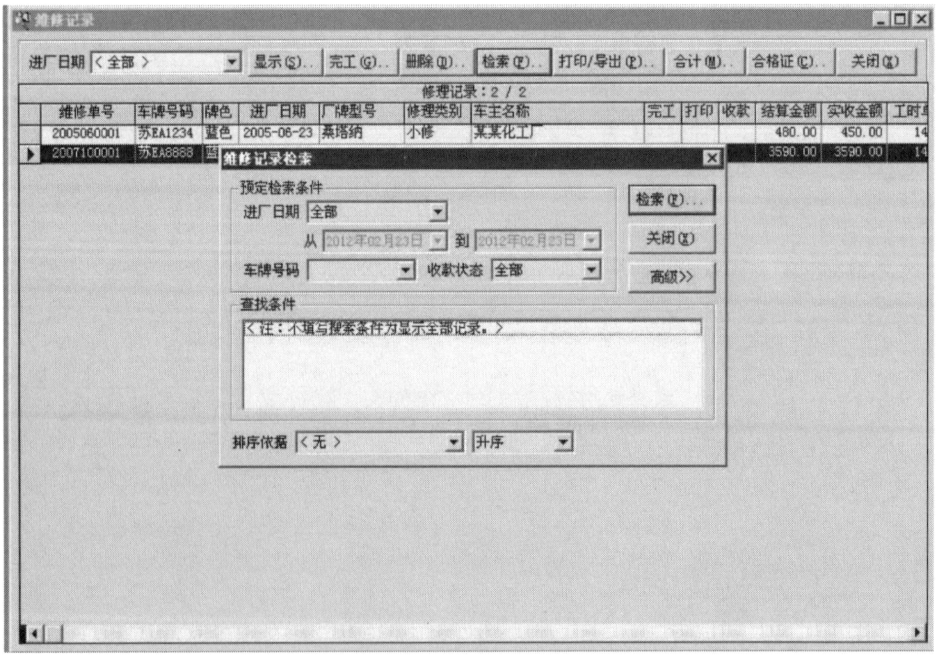

图5-14　维修记录界面一

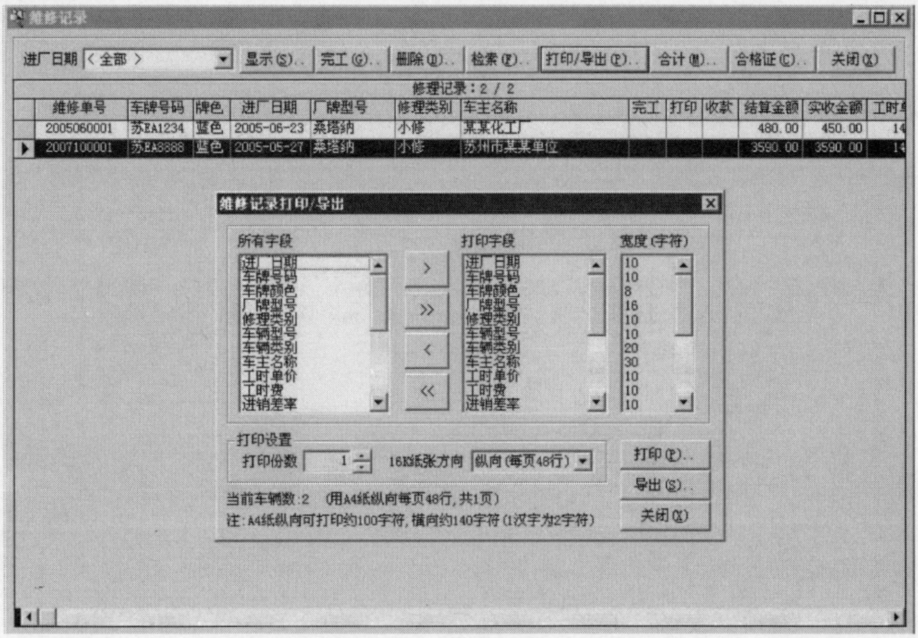

图5-15 维修记录界面二

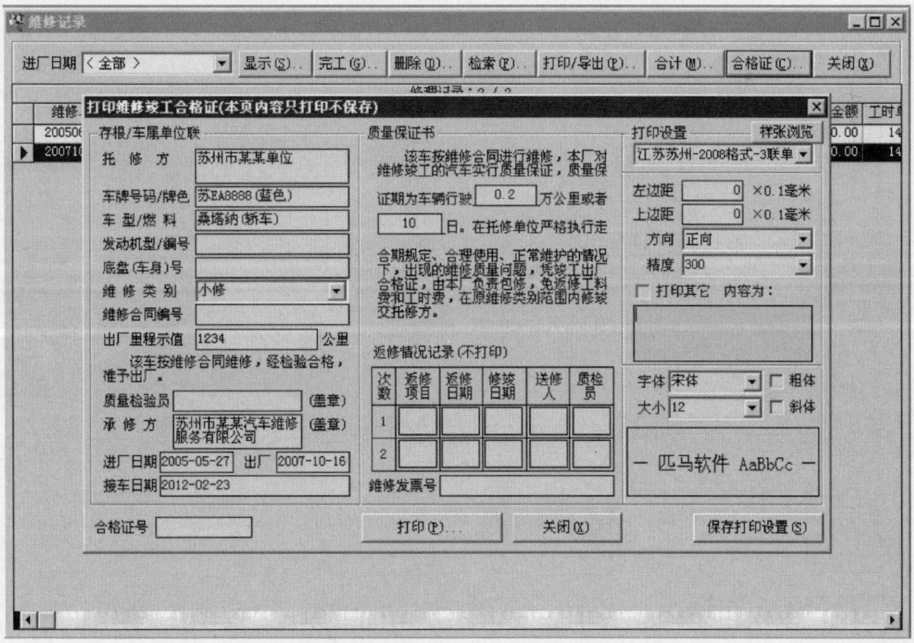

图5-16 维修记录界面三

（9）车辆档案信息。

车辆档案信息可实现对车辆档案进行添加、修改、删除、检索、打印/导出等操作，并可按进厂日期、下次年检、下次季检、下次换油、下次保险进行检索。车辆信息界面如图5–17所示。

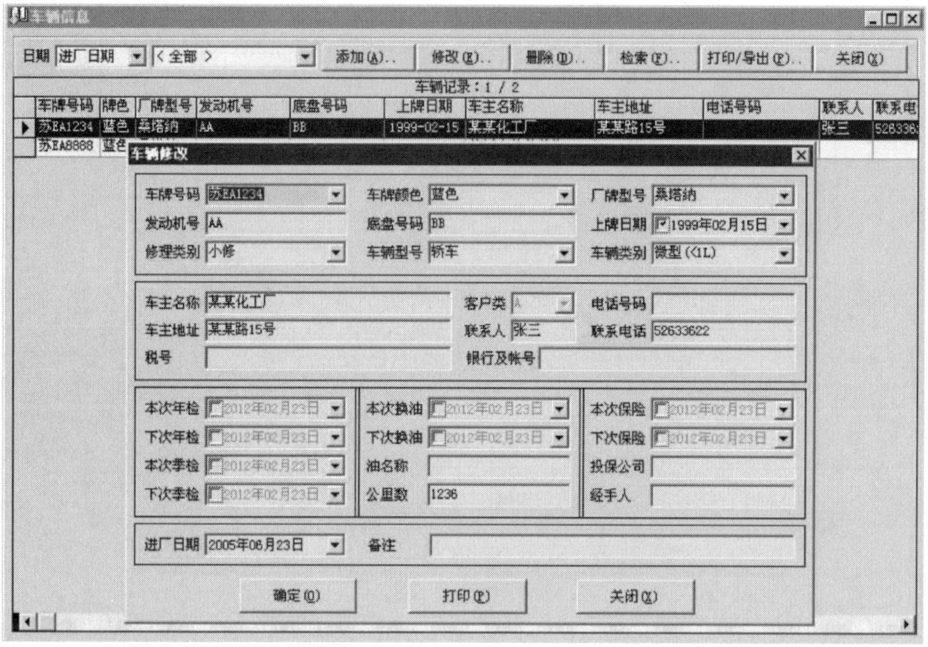

图5–17　车辆信息界面

参 考 文 献

[1] 金加龙. 汽车维修业务接待 [M]. 北京：电子工业出版社，2008.

[2] 中国汽车维修行业协会. 职业道德和法律法规（模块A）[M]. 北京：人民交通出版社，2008.

[3] 彼得森，冈萨雷斯. 职业咨询心理学 [M]. 北京：中国轻工业出版社，2007.

[4] 芭芭拉·弗雷德里克森. 积极情绪的力量 [M]. 北京：中国人民大学出版社，2012.

[5] 机动车维修工时查询结算系统. 苏州宏博软件工作室.